I0536268

红纸魔法秘籍

郑文婷 著

本书由美国 Asian Culture Press, LLC 出版
Published by Asian Culture Press, LLC
41942 Broadway, Suite 314C,
Boulder, CO 80302,
United States

Published in the United States of America

First paperback edition July 2022
本书 2022 年 7 月在美国第一次出版

作者简介

郑文婷，红纸魔法创始人，从事心灵学十五年，玄学家。

抖音号：tingting286

题词

是爱让一切发光，愿我的爱照亮你，温暖你！我祝福这个世界上的每一个人都幸福美满！当你打开这本书就解除了一切烦恼，你就即刻拥有了人生全方位的丰盛富足，圆满喜悦与繁荣。

前言

在我成长的旅途中，我看到一些人遇到的生活中的烦恼痛苦，比如：婚姻关系或者恋爱关系上离婚分手，想复合，却复合不了，痛苦不堪，苦苦挣扎，还有些被第三方破坏婚姻关系或者恋爱关系，非常苦恼，还有些人在婚姻恋爱关系中感情却不够甜蜜很痛苦。还有些被不喜欢的人纠缠很痛苦，还有些人你的婚恋，对方父母反对很痛苦，婆媳矛盾很痛苦，婚后怀不上宝宝很痛苦，找不到心仪的工作很痛苦，长的胖很痛苦，还有些人被疾病折磨很痛苦，还有人觉得自己不幸运很痛苦，还有些人因为亲友离世不能再联络很痛苦，还有些人觉得自己身边很多小人没有贵人很痛苦，还有些人考试不通过很痛苦，还有些人觉得睡不好觉很痛苦，还有些人觉得自己不快乐很痛苦，还有些人觉得自己不幸福很痛苦，还有些人没有合适的人结婚很痛苦，还有些被借钱不还很痛苦，原生家庭导致的自卑，自卑让生活没有了光彩，事事不顺意，财务紧张，没有足够的金钱，等等的痛苦，看到世间的人们受到种种的烦恼痛苦我很难过，所以我想出这本书来帮助有需要的人解除痛苦烦恼，从而获得幸福。我爱你们！

目录

第三章　化解魔法

第四章　财富

第五章　小魔法

第六章　智慧篇

第七章　桃花魔法

第八章　许愿坛城

第九章　灵物开眼

第一章

感情甜蜜系列小魔法

复合加强版小魔法

适用于复合, 断联, 恋爱关系中的感情升温。

提示

找个安静的地方, 不被打扰, 手机打到飞行模式, 静下心专注来开始做。

步骤

红纸, 撕边, 写你爱的人的名字三遍, 比如他叫: "小傻瓜", 然后写你的名字三遍, 覆盖在你爱的人的名字上, 比如你叫 "甜宝贝"。在名字周围一圈写: 你爱我 · 我爱你。写一圈。写完再画一圈 ♡ 爱心, 每画一颗 ♡ 心里就默念一句: "谢谢你爱我", 画一圈。

在上面写上: 你爱的人的名字, 某某某: 过往我或有意或无意对你造成的伤害我表示最高的歉意对不起请你原谅我。后面画 ♡, 三颗, 心里默念: "我爱你"

再来最后一圈写: 比如小傻瓜和甜宝贝甜甜蜜蜜相爱一生, 写一圈。

然后, 你喜欢的花, 什么花也可以不用白色的, 红色粉色最佳。花瓣洒在你们的名字上 (花的意识能量是: 无条件的爱) 像包包子那样包起来, 放在枕头底下睡三晚, 睡醒烧掉。

(提示: 用轻松愉快甜蜜美好的心情去做)

复合加强版小魔法

复合加强版小魔法

备注

　　解说做我说的小魔法，为什么有人复合成功，又为什么有人失败？

　　就是大家在做我分享的小方法的时候，这个方法只要你按对我说的格式去起心念，它的成功率是能达到 99% 的。

　　你做的时候第一要专注，相信，按我说的格式去写去画去起心动念。

　　有的人 ta 在做的时候不专注，时不时的冒出来负面负能量消极念头，比如：这能行吗？这能实现吗？这管不管用？我太想 ta 回来了，ta 会不会不爱我了？ta 能感应到吗？我是不是在做傻事，我太害怕失去 ta 了，还有戏吗？ta 一定不会再原谅我了，ta 是不是早就忘了我？ta 是不是有了新欢？

……等等负能量消极匮乏的念头，你一边做小方法，一边起这样的念头，整个过程在照葫芦画瓢，就想抄作业。一个消极匮乏的负能量念头就能把 ta 推远。别说是你起这么多了，不管是正能量还是负能量，能量强的为赢家。

小方法的能量是爱的正能量，你的消极念头是负能量，这两股能量相对抗。你起的消极负能量的念头，大过了，做小方法的正面正能量。你的复合就会以失败告终。

反之有人在做的时候，按我说的去专注，去相信！去诚心，按我说的格式去起心动念，去起正面正能量的想法：ta 一定会回到我身边的，ta 是爱我的，ta 爱我，我爱 ta，我们是彼此相爱的，我们是甜甜蜜蜜的！我们就是全世界最幸福的一对！我就是 ta 唯一的挚爱……等等正能量的念头，不起消极负面的情绪。还是说：两股能量相对抗。正面的能量，大过于，消极负面负能量，这时候你的复合是成功的！幸福甜蜜就真的属于你。

写上面道歉部分的时候真诚心道歉，越真诚越好，道歉部分不诚心，怨气负能量就化解不开，就无法能量链接。

写其他部分用感恩欢喜心。越开心效果越快，做完了，放下执念，忘了这件事，不要再想了。保持正能量的心情。不要去想：他怎么还不回来，还有期待，焦虑，这就是匮乏，匮乏就是推远，什么也得不到。你要相信这件事已经实现了，已是定局！！！所以就会放下了，放松心情去生活，什么也不管，他会回来的。（提示）不能有怨气负能量。我说的格式不可更改。关于你们的名字或者你三个字，他两个字怎么覆盖？你就三个字的名字写小点，两个字的名字写大点。花：玫瑰花茶，干花鲜花都可以。红纸撕的边边扔了就可以，三天后在哪里烧都可以，白天烧，灰放在树下，花不着没事直接放在树下就可以）或者你忘记了晚了一天烧，也没事，尽量按时间。或者你放在枕头底下不小弄坏了，也没事，尽量让它完整。还有必须红纸！红纸最佳！！

再说实现愿望的时间：调整好情绪，情绪很重要！情绪是开心的就是高频能量。每个人的能量高低决定了事情的结果，调整自己的能量，才是成事的根本，你调整的越和谐实现愿望的时间越快。这取决于你自己。

你的情绪里得没有怨恨的能量，得心里全部充满爱，小魔法才能发挥效力。这是爱的小魔法，情绪调整不好不能实现愿望。

就是调整到心安的情绪，你爱的人才能回来，心安的感觉就是她就是你的爱人，这是定局！你和她不是分离的，分离就是匮乏嘛，你和她是紧密相连的！就是这种感觉，保持这种感觉。情绪不能调整到心安，她就是你的爱人的状态，她就不能回来，如果你调整不好情绪总是负能量，就只能放手成全了。

复合简单版小魔法

　　如果你和某个人的关系不好或误会或矛盾，可以用这个小方法，缓和你们的关系。

　　找一张红纸，然后撕边，红纸的上角写你的名字，对角写他（她）的名字，写完画 ♡，画完 ♡，用线条穿起来，左边写："谢谢你"，右边写："我爱你"，然后名字对名字折叠，放在枕头下边，睡三天，第三天早上睡醒了就拿出来烧掉就可以了，适用于朋友，恋人，亲戚，亲子所有的关系。（提示：用轻松愉快甜蜜美好的心情去做）

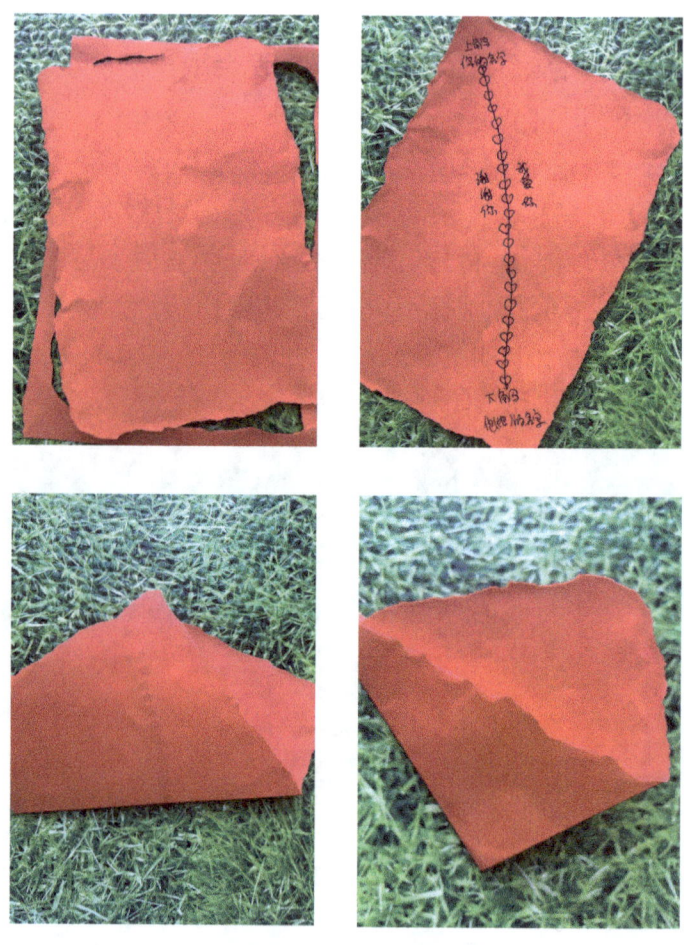

复合简单版小魔法

永结同心小魔法

步骤

　　两张红纸，每一张画，里写你爱的人的名字（比如他叫小傻瓜）另一张纸画写你自己的名字（比如你叫甜宝贝）。写完了，两张都折叠起来，折成一个小长条，两个小长条系起来。放在枕头底下，一直放在枕头底下。这样今后你爱的人不论 ta 在哪里，不论 ta 在做什么，都会常常想起你，牵挂你。

　　（提示：用轻松愉快甜蜜美好的心情去做）

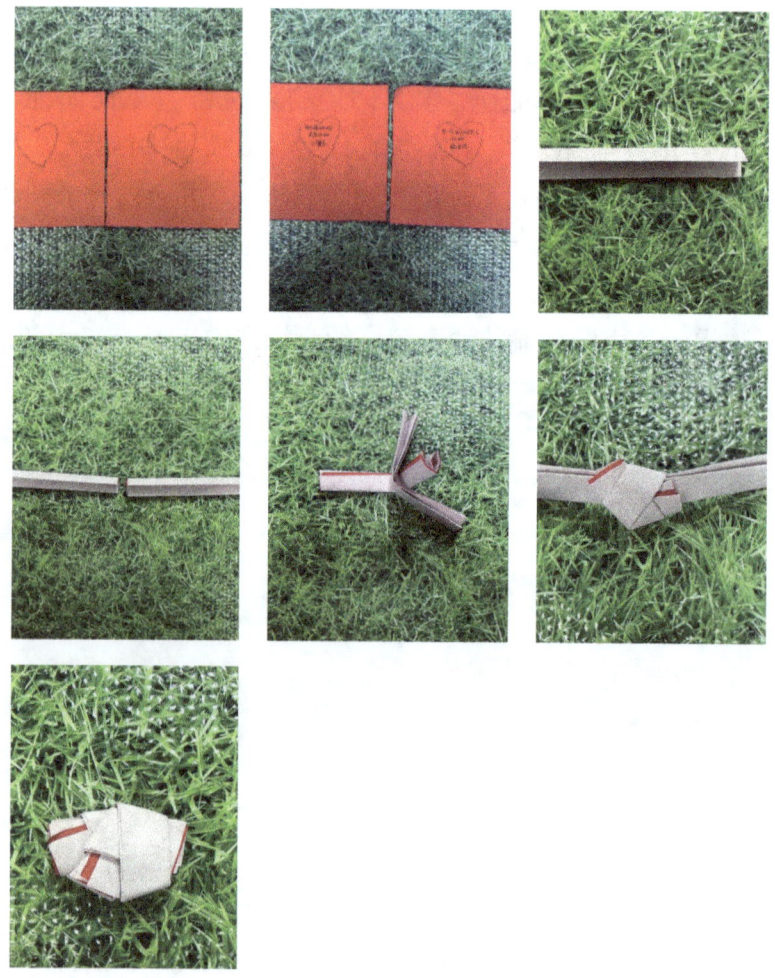

永结同心小魔法

喜欢和你缠绵小魔法

红纸画你最爱的人，心脏位置写上他的名字（比如：他叫小傻瓜你叫甜宝贝哈）再在他的名字上，写上你的名字覆盖，在他的嘴上写你的名字，眼睛写上你的名字，在他的肚脐眼（提示：精准位置哈）部位写你的名字，在他的双臂写你的名字。折叠，系起来，一面写：恩爱，一面写：缠绵。放在枕头底下。你最爱的人会越来越喜欢和你缠绵，感情越来越好。（提示：用轻松愉快甜蜜美好的心情去做）

喜欢和你缠绵小魔法

白头到老小魔法

第一张红纸写

你爱的人的名字（比如他叫小傻瓜，你叫甜宝贝）。

小傻瓜：我爱你，我愿意给你我最好的爱，我愿意无条件的爱你，我给你的爱不是简单的肌肤之亲，更不是一看脸就爱了，我是到达了你的灵魂层面超越一切外在条件超越颜值来爱你，直到你两鬓斑白，我依然会亲吻你布满岁月痕迹的脸。

第二张红纸写

小傻瓜：谢谢你对我付出的所有的爱，谢谢你爱我，谢谢你无条件的深爱着我! 画，里先写你爱的人的名字，再写你自己的名字覆盖上。

两张红纸折叠系起来，一面写：白头；另一面写：到老。

然后把它放在第三张红纸上，再放 9 个玫瑰花茶，的花瓣，撒在上面，包起来，放在枕头底下。或者放在瓶子、盒子里也可以，撒上花瓣，盖起来。放在枕头边上。你们就能一生相爱白头到老。（提示：用轻松愉快甜蜜美好的心情去做）

白头到老小魔法

13

永远爱你小魔法

红纸剪成长条21条

　　每张纸条纸写上你的名字和你最爱的人的名字（或者写你们名字的字母缩写）比如：小傻瓜（xsg）和甜宝贝（tbb）是这个世界上最甜蜜幸福的恋人，小傻瓜和甜宝贝永远相爱。画 ♡。系起来，就像叠小星星☆那样。（字潦草点没关系，因为是边写边念嘛哈，你自己知道你写的是什么就可以）

　　一共叠21个（意识能量为：爱你）然后拿出来9个玫瑰花茶，9个玫瑰花意识能量为：（彼此两个人长久，永远，无条件的爱）掰下来所有的花瓣，撒在上面。然后找个瓶子或者盒子意识能量为：封存，锁定能量）放起来，放在你的床头橱。你最爱的人就会永远爱你了 ♡（提示：用轻松愉快甜蜜美好的心情去做）

永远爱你小魔法

让你的爱的人越来越爱你小魔法

步骤

先画一个大，再画你，再画你最爱的人，两个人手牵手。两个人中间画，心里先写你爱的人的名字在写你的名字覆盖。比如："小傻瓜和甜宝贝"。

在大外圈顺时针转圈写：谢谢！我是一个总是被我最爱的人想念的人，ta 无时无刻不在想着我，就算是我睡在 ta 身边都还不够，ta 总是万分的想我，我独特的品质是明确无误的，我的灵魂和我的内心光芒闪耀，我总是被我最爱的人欣赏和赞美，我是这个世界上最接近 ta 心灵的人，ta 视我为 ta 唯一的心上人，ta 给我最好的爱，ta 无条件的深爱着我，能和我在一起是 ta 感觉最快乐的事。当然我同样也无条件的爱着 ta，欣赏 ta，我们在一起很幸福，很甜蜜！感恩宇宙超级恩赐的善缘良人。写完画写：谢谢你，我爱你。再用胶棒粘一圈玫瑰画瓣。

每天晚上念三遍或 7 遍，念 21 天，然后放在床头橱收起来。你最爱的人会越来越爱你。（**提示：用开心甜蜜的心情去做！**）

要想感情幸福，首先要建设自己的内心，不再让心匮乏，让心丰盈圆满（参考第六章：如何找到对的人），再去建设自信心（参考第五章：自信小魔法）不再自卑，让自己有强大的值得感和配得感。学会去付出爱（去看第六章：如何得到爱），你们才能拥有正真的幸福爱情。

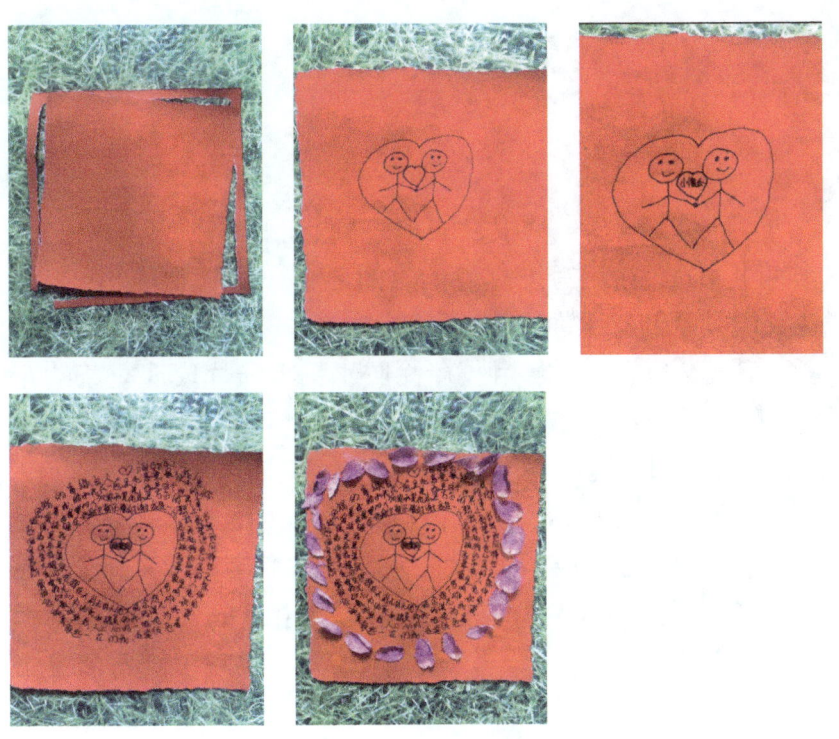

让你爱的人越来越爱你小魔法

让你爱的人喜欢粘着你小魔法

步骤

两张红纸，画一个很大的，把两张红纸剪裁成两个，在一张纸上画小，在里写上你爱的人的名字（比如他叫小傻瓜）在周围顺时针写：你爱我，我爱你。准备一个玫瑰花茶，给她掰开花瓣，每写一句，用胶棒涂胶水粘上一片玫瑰花茶的花瓣。在上面顺时针转圈写：谢谢你爱我，我也爱你，我会珍惜你，我每天都在祝福你。画。

在另一张纸画小，写上自己的名字（比如你叫甜宝贝）然后两张纸你俩的名字上涂胶水名字对名字粘起来，然后在粘起来的两张红纸大，的边缘，顺时针用红线缝起来。最后一针打蝴蝶结。

好做完了一直放在枕头下面，你爱的人会特别想粘着你，和你形影不离，老想挨着你像泡泡糖一样粘。

（提示：用轻松愉快甜蜜美好的心情去做）

让你爱的人越来越爱你小魔法

19

灵魂伴侣小魔法

步骤

红纸两张，在一张红纸上画你自己，在心脏的位置先写你爱的人的名字（比如他叫小傻瓜）再写自己的名字（比如你叫甜宝贝）覆盖上，顺时针写：小傻瓜和甜宝贝灵魂契合心意相通，你就是我，我就是你，我们是一体。

在另一张红纸上画你爱的人，在心脏的位置先写你的名字（甜宝贝）再写你爱的人的名字（小傻瓜）覆盖上，顺时针写：甜宝贝和小傻瓜灵魂契合心意相通，你就是我，我就是你，我们是一体。

然后各自折叠，再把两张红纸折叠在一起。一直放在枕头底下，以后你的爱人会越来越懂你理解你体贴你，相处会越来越默契，有越来越高的精神享受。

（提示：用轻松愉快甜蜜美好的心情去做）

灵魂伴侣小魔法

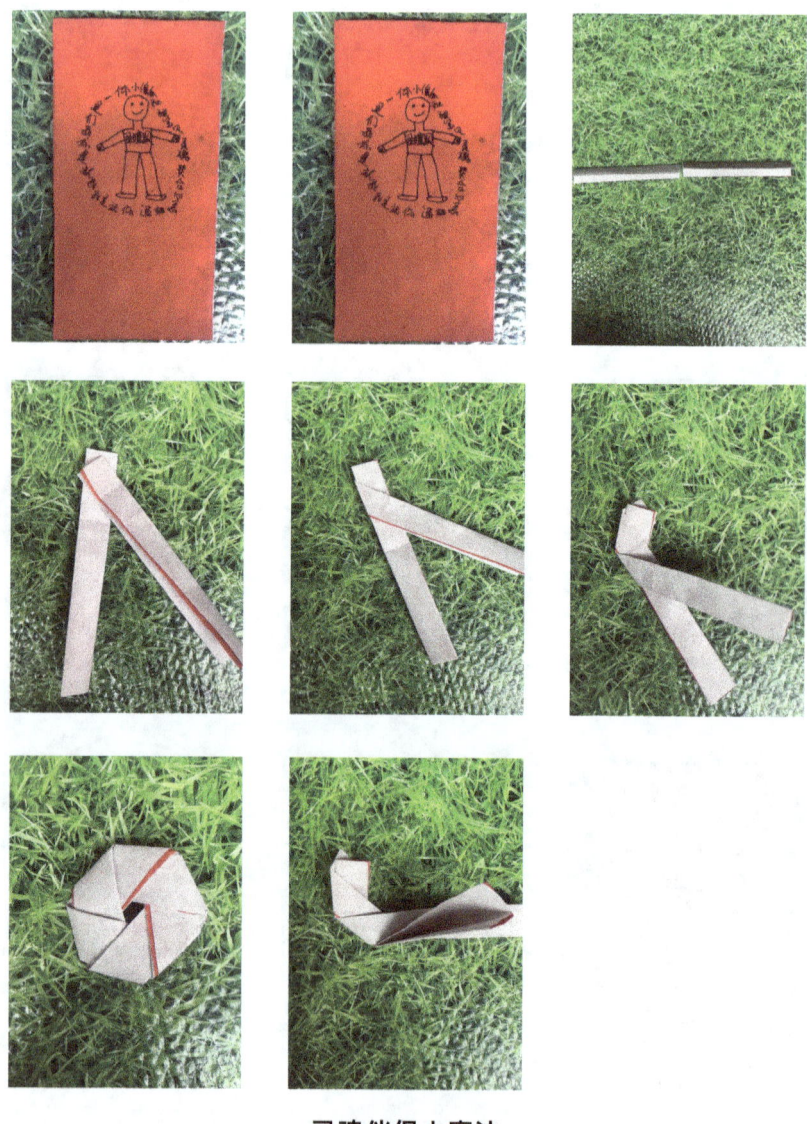

灵魂伴侣小魔法

爱你入骨小魔法

步骤

红纸画大，里画你爱的人（比如他叫小傻瓜）先写上 ta 的名字。然后在他整个身上写你的名字（比如你叫甜宝贝）尽量写小，不要有缝隙，密密麻麻的写。再写一圈，顺时针写：小傻瓜爱甜宝贝，甜宝贝爱小傻瓜。

写完了折叠成长条系起来。一直放在枕头底下，从今往后，他一想到你就感觉你在他血液里流淌，感觉他和你融为一体，亲密无间，他满心里都是你。

（提示：用轻松愉快甜蜜美好的心情去做）

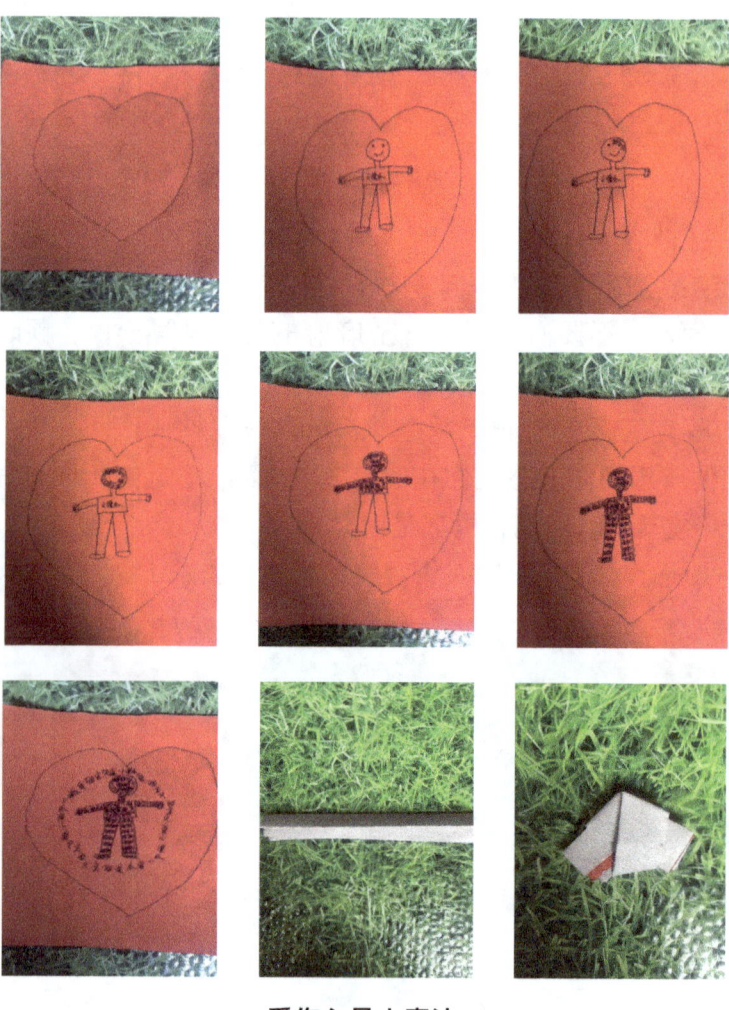

爱你入骨小魔法

爱情甜蜜越来越爱你小魔法

步骤

红纸 4 张，第一张画，在里写你的爱的人名字（比如：他叫小傻瓜）。写完了折叠成长条。

再拿出二张纸，画 ♡，在里写你爱的人的名字，然后再写你的名字，（比如你叫甜宝贝）覆盖他的名字。然后再写：谢谢你爱我，谢谢你给我的所有的偏爱，谢谢你为我付出的所有的爱！谢谢你把我捧在手心里视我为你的唯一挚爱！写完折叠长条系在第一张纸长条上。

再拿出第三张纸，画 ♡，在 ♡ 里写你爱的人的名字，然后再写你的名字覆盖他的名字。再写：谢谢你心胸宽广，总是包容我偶尔的任性和小脾气，谢谢你爱我！写完折叠长条再系在第一张纸长条上。

再拿出第四张纸，画 ♡，在 ♡ 里写你爱的人的名字，然后再写你的名字覆盖他的名字。再写：在我心里你是一个完美的人，你单纯善良正直，你是我的暖阳。我也愿意给你我最好的爱，无条件的爱，我爱你，我将永远爱你 ♡ 写完折叠长条也系在第一张纸长条上。

然后放在枕头底下，从今往后 ta 每每想起你就会不自觉的嘴角上扬心里觉得甜蜜无比。ta 会越来越爱你。

（提示：用轻松愉快甜蜜美好的心情去做）

爱情甜蜜越来爱你小魔法

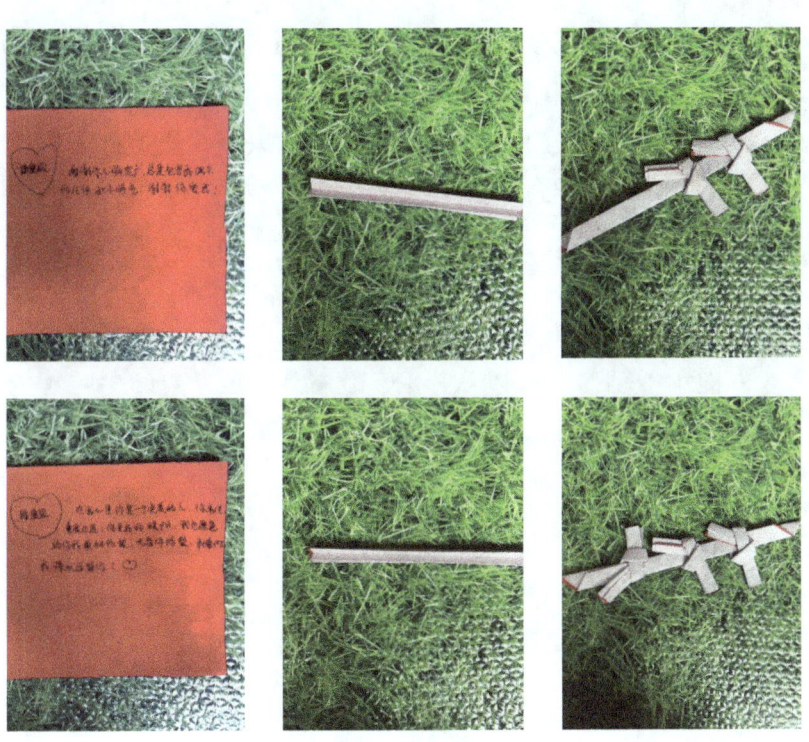

爱情甜蜜越来爱你小魔法

相思甜蜜小魔法

步骤

　　剪一个红心 ♡，红心 ♡ 上面写你爱的人的名字，下边写你的名字，中间距离用胶棒黏红豆，里面黏满颗粒饱满的红豆。红豆意识能量为：相思只为你，想念只存在于彼此之间。

　　再在红豆两边写你爱的人的名字，下边写你的名字，中间距离用胶棒黏粘米，里面黏满颗粒饱满的粘米，粘米意识能量为：幸福甜蜜是一体黏在一起。

　　做好了，放在床头橱。

　　（提示：制作过程以欢喜心，呲着牙完成）

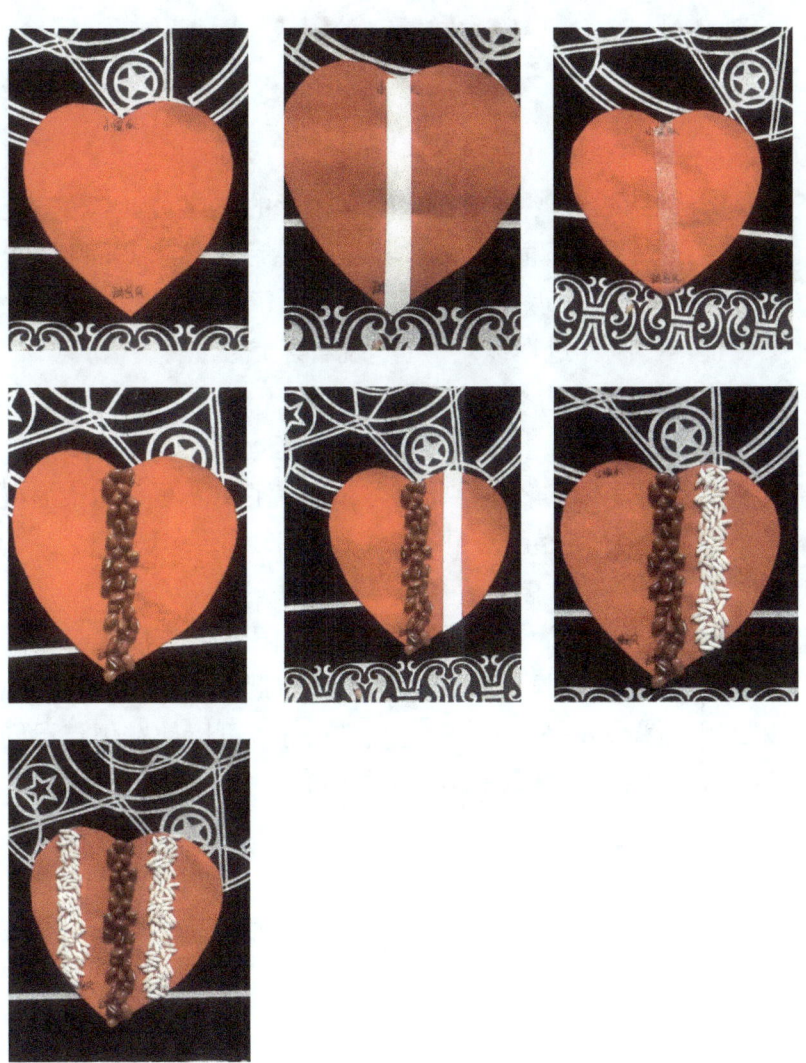

相思甜蜜小魔法

玫瑰爱恋小魔法

步骤

剪一个红心 ♡，红心 ♡ 里写你俩的名字彼此覆盖，上面写：相爱一生，下面写：永结同心。然后用粘上双面胶，上面沾满玫瑰花（玫瑰花茶）然后放在盒子里收起来放在床头橱。（提示：制作过程以欢喜心，呲着牙完成）

制作端午富贵吉祥荷包 ♡ 小魔法。

红纸剪成心型，上面画 ♡，♡ 里面写你爱的人的名字 * 字母缩写，再写你的名字字母缩写，写完了转圈写：甜蜜浪漫相爱一生再拿 21 颗红豆，再拿 21 颗糯米，5 朵小玫瑰 2 朵大玫瑰，1 朵牡丹花，9 朵茉莉。

数字意识能量为：爱你！爱你！无限爱你！再找一个好看的花布，喷上你最喜欢的香水，用花布把以上准备的全部包起来，用红线缝起来，一个荷包就做好了，可以放在你自己的枕头底下，或者随身佩戴都是非常吉祥的。

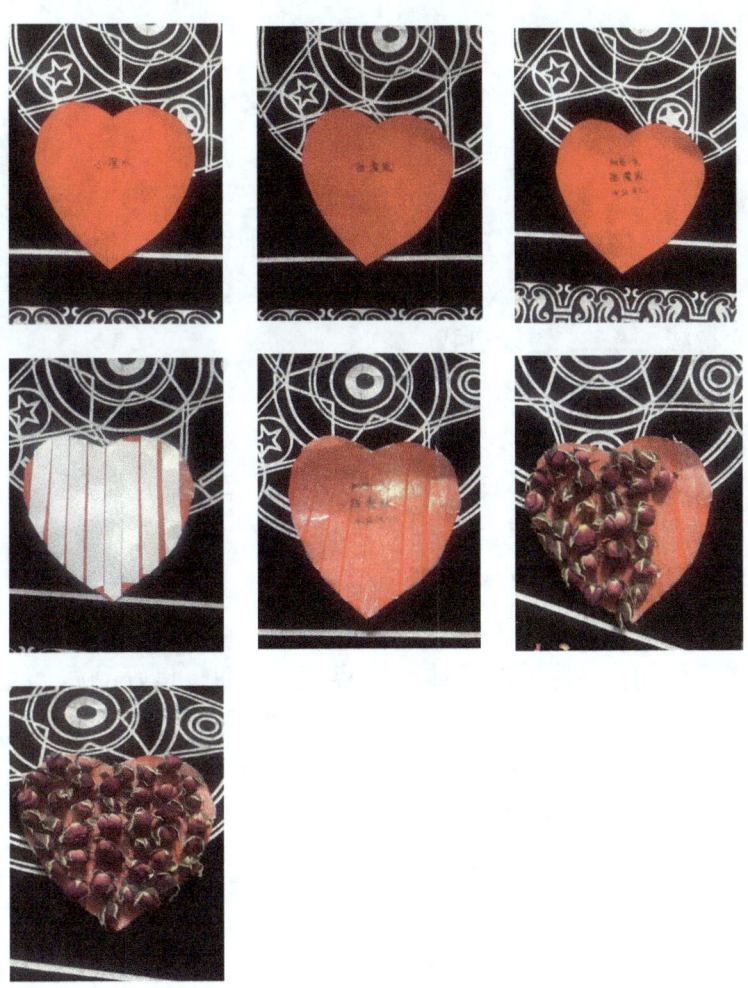

玫瑰爱恋小魔法

如何改变一个人小魔法

步骤

就是打比方情侣间，说你已经有对象了，但是你对你的对象不满意，你对他她的看法是：他她不专情，他各方面你都不满意！他她不能像你想的那样爱你，甚至有些缺点让你难以忍受，但是你还不想分手，还是想和他她在一起，很苦恼，在这种情况下，那如何改变一个人呢？分两点，第一，改变对他她的看法。第二，建设自我。

你想改变别人变成你想要的样子，首先要改变你对他的看法，看法改变，他就改变。

改变对对方的看法，之前是：他她不专情，他她各方面你都不满意！他她不能像你想的那样爱你，甚至有些特质让你难以忍受，他她是一个很糟糕的人。

你现在要转变成你想要的样子，转看法为：他她是一个感情专一的人，他她温柔体贴善良正直，拥有良好品质，他她所做的每一件事，都让我感到欢喜！他她是一个完美的人！如果我们意见分歧，他她总是听我的。他她非常的爱我！他她只爱我！他她只想要我，我是他她的唯一挚爱。好的再加第二点，我很完美！我是值得他他爱的！在这个世界上我最值得！

这段话红纸撕边写下来，坚信！的每天重复的去念，他她就会完完全全改变，彻底服从你的意愿！（不只是婚姻恋人关系，也适用于亲子，同事，朋友等一切关系，大家可以举一反三，根据不同的情况自己制订肯定语重复的念，去改变任何人）

制作端午富贵吉祥荷包小魔法

步骤

红纸剪成心型，上面画，里面写你爱的人的名字＊字母缩写，再写你的名字字母缩写，写完了转圈写：甜蜜浪漫相爱一生再拿 21 颗红豆，再拿 21 颗糯米，5 朵小玫瑰 2 朵大玫瑰，1 朵牡丹花，9 朵茉莉。数字意识能量为：爱你！爱你！无限爱你！再找一个好看的花布，喷上你最喜欢的香水，用花布把以上准备的全部包起来，用红线缝起来，一个荷包就做好了，可以放在你自己的枕头底下，或者随身佩戴都是非常吉祥的。

备注

红豆意识能量为：相思。

糯米（粘米）意识能量为：甜蜜一体黏在一起。

红色玫瑰花意识能量为：热情、热爱着你。

荷包缝起来意识能量为：锁定能量，能量封存。

牡丹花意识能量为：吉祥富贵，圆满，浓情，浪漫，幸福，好运。

制作端午富贵吉祥荷包小魔法

第二章　脱单魔法

分享脱单找到条件符合的伴侣小魔法

步骤

　　就现在来说让普通人做到无条件的爱，好像很难，大家会说我就是得有条件才能爱！好吧，应大家的需求，我出这个小魔法。红纸，中间写上你的名字，再画出来很多的 ♡，在你名字转圈顺时针在你画的 ♡ 里写出来你所有的条件，比如身高：185，学历：博士，人品，身材容貌，收入，房子几套，车几辆，必须是单身人群（因为有对象结了婚的惹不必要的麻烦）温柔体贴，只爱我，对方父母明理善良，等等你的条件全部写出来。（我这个就是大略写一下，你可以尽可能的写详细哈）

　　写好了拍手三次，感恩我找到了符合我所有条件的伴侣，真是太棒了！我很满意！我现在已经处在美好的恋爱关系中了！谢谢！谢谢！谢谢！

　　以欢喜心念，越欢喜这个人出现的越快。每天早上 3 遍，午 6，晚 9。

　　直到实现愿望后烧掉。

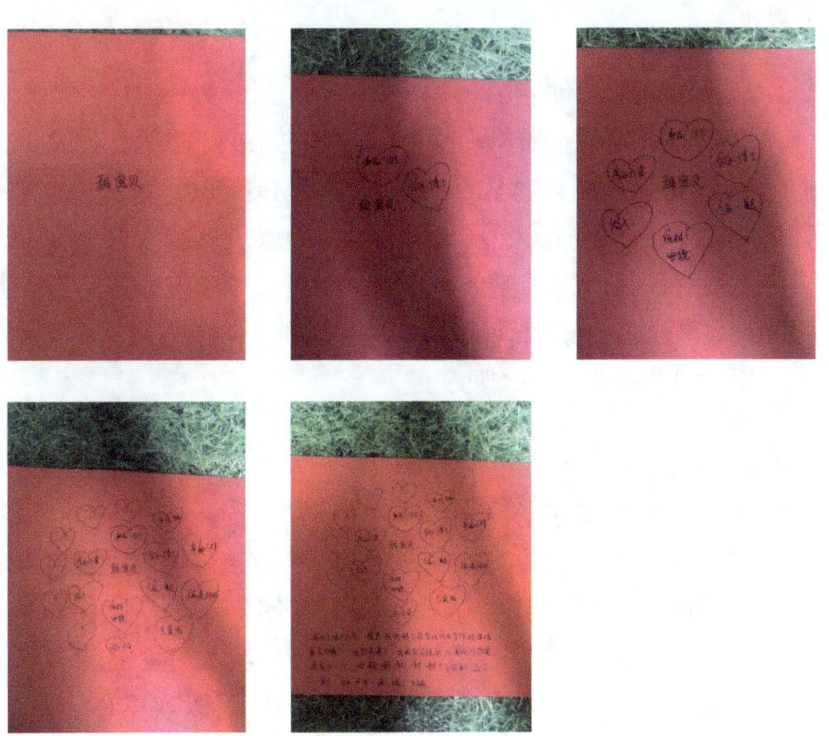

分享脱单找到条件符合的伴侣小魔法

脱单结婚小魔法

步骤

（女生念）

先画出来你和你老公。

红纸写：感恩我结婚了！感恩我的婚纱好漂亮！感恩我的结婚钻戒好闪亮！感恩我嫁了一个我心仪的好老公！感恩我们灵魂契合！彼此深爱！感恩我太满意了！我太开心了！真是太好了！谢谢！谢谢！谢谢！（提示：念的时候以欢喜心，越欢喜这个对象出现的越快，婚结的越快。）

早念3遍，午6遍，晚9遍。

（男生念）

先画出来你和你老婆。

红纸写：感恩我结婚了！感恩我的西装好帅哦，感恩我的婚戒好闪亮！感恩我娶了一个我心仪的好老婆！感恩我们灵魂契合！彼此深爱！感恩我太满意了！我太开心！真是太好了！谢谢！谢谢！谢谢！（提示：念的时候以欢喜心，越欢喜这个对象出现的越快，婚结的越快。）

早念3遍，午6遍，晚9遍。

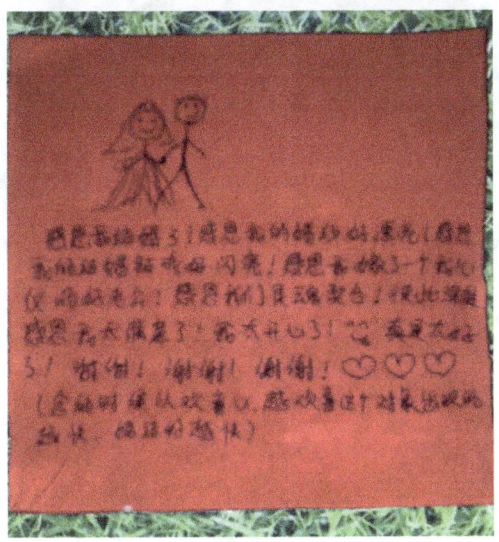

脱单结婚小魔法

第三章　化解魔法

分享化解第三方能量的小魔法

步骤

红纸，撕边。

左边画你和你爱的人，右边画第三方和 ta 的新欢，你和你爱人画双心，写永结同心。

右边第三方和 ta 的新欢画双心，写永结同心。

写：我谢谢你，真心的谢谢你离开了我爱的人！谢谢你谢谢你！谢谢你！我真心祝福你和你的新欢幸福永远！感恩感恩感恩！真诚感谢！感恩三方的新欢。

你和你爱人和第三方和 ta 的新欢之间画霹雳符号。

霹雳符号下面写：

彼此祝福，各走各路，再无瓜葛。

每天拿出来早上看一次，中午看一次，晚上看一次。

21 天后烧了，灰撒在树下。

解说：你观想的意思是

破坏你们关系的第三方又有了心爱的人，ta 们彼此相爱，抛弃了你的爱人，你的爱人并没有悲伤，在一抬头的时候仰望天空，想起来你对 ta 的种种付出，突然醒悟：原来他内心深处真心爱的人是你！良人深情回眸，悔不当初，决心今后好好待你。牵起了你的手。你是天使善良温柔，释怀包容 ta 的过失也牵起了 ta 的手，冰释前嫌。

第三方和 ta 心爱的人也很幸福快乐的在一起。

你爱的人和第三方彼此祝福，再无瓜葛。

提示：这是爱的小魔法，做的过程不可起嗔恨心，不要再抱怨你爱的人彻底原谅他，不可嗔恨第三方，不可咒骂人家。做到心中充满爱和欢喜心，在心里真诚的祝福第三方和 ta 心爱的人幸福美满。你要相信这是真的，已经实现了，放松心情快乐的生活就可以了。

做完了以上，再做复合加强版增强你们之间的感情。从今往后参考第六章" 如何得到爱 "的内容，来经营你们爱情。

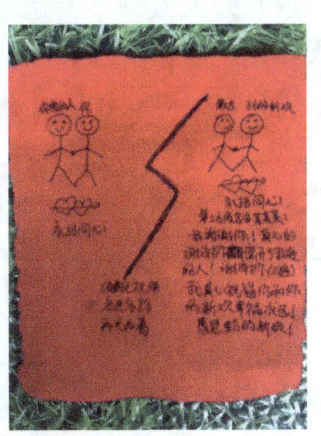

分享化解第三方能量的小魔法

三方能量化解之，父母阻碍小魔法

有的小伙伴说自己的恋爱遭到对方父母的反对这该这么办好？红纸撕边：画你爱的人的父母，再画你自己，再画你爱的人你俩手牵手，在你俩下面写永结同心。在你爱的人父母和你们之间画三颗。

画完了写：感恩我爱人某某某的爸爸妈妈很喜欢我！感恩我爱人某某某的爸爸妈妈对我如亲生女儿（儿子）般疼爱！感恩我爱人某某某的爸爸妈妈非常支持我们的恋爱和婚姻！太棒了！我很开心！我非常的感恩！谢谢我爱人某某某的爸爸妈妈爱我喜欢我！谢谢！谢谢！谢谢！

早上念 3 遍，中午念 6 遍，晚上念 9 遍放在包包里，念 21 天。21 天后烧掉灰放在树下。（念的时候以欢喜心，越欢喜转变的越快）

三方能量化解之，父母阻碍小魔法

婆媳关系化解婆婆老插手你们的生活

步骤

红纸撕边写：你婆婆的名字，某某某：你和你爱人的名字已结婚成立了家庭，谢谢你放手我们自己的事情由我们自己做主。谢谢你！谢谢你！谢谢你！

写你婆婆的名字，隔开很远，把她的名字画房子，你覆盖你爱人的名字画房子（房子的意识能量是你有你的生活，我们有我们的生活。她与你们的健康关系是：独立又亲密，相爱又自由）

在她房子下面写：谢谢您，祝福您，你覆盖你对象的名字我们爱您（为什么谢谢她又祝福她？因为眼前这个疼你爱你的老公是她怀胎十月生的，是她含辛茹苦养大的，所以必需谢谢她！不论她有意或无意的做错了什么。）

在你覆盖你爱人的名字的房子下写：永结同心画两颗心穿起来。意识能量为感情稳固不受外来能量干扰。

写完了放在家门口，第二天烧掉。

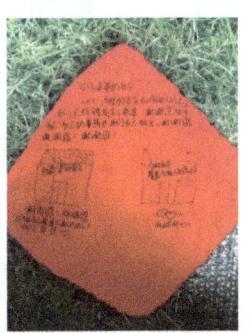

婆媳关系化解婆婆老插手你们的生活阻碍小魔法

化解被不喜欢的人纠缠小魔法

步骤

如果你想分手，对方纠缠不放让你很痛苦怎么办？

提示

找个安静的地方，不被打扰，手机打到飞行模式，静下心专注来开始做。

步骤

红纸撕边，他的名字，比如他叫：三狗子，你叫小仙女，你们的名字中间画霹雳符号，上面写：我忠心的谢谢你放过了我，还我自由。写三遍。

再写

感恩！你找到了比我更合适的人。写三遍。

再在霹雳符号下面写：井水不犯河水，各自安好。写完了把这张纸折叠折到最最小，然后出去挖个坑，把它埋在土里，他她将不会再来纠缠你。

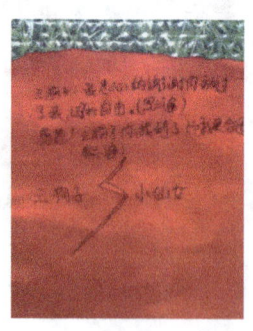

第四章　财富

暴富小魔法

写：钱9个，覆盖你的名字（比如你叫甜宝贝）。

转圈写：我爱金钱，金钱爱我，我就是金钱，金钱就是我，我与金钱是一体。一圈。

再画一圈，每画一颗，就默念一遍：感恩我无始劫来累生累世今生今世所获得的所有金钱。

再画一圈，每画一颗，就默念一遍：感恩金钱加持让我拥有了人生全方位的丰盛富足与繁荣圆满与喜悦。

再画一圈，每画一颗，就默念一遍：感恩我来钱是一件很简单很容易的事，轻松又愉快，我每天都在疯狂进账，金钱从四面八方以各种各样的渠道来到我身边，我敞开双臂接收金钱。

再画一圈，每画一颗，就默念一遍：金钱的意识能量是爱，我的意识能量也是爱，我是丰盛富足的，金钱是一切善的根源，金钱可以帮助别人，感恩我拥有无限丰盛的金钱当我看到别人有困难需要帮助的时候，圆满了我的爱心帮到了别人。

再画一圈，每画一颗，就默念一遍：不管我是花钱还是来钱，我都很开心，我花出去的每一块钱，都增加了社会的财富，它会倍增之后回到我的身边。我花用与赚取的金钱，都带给我无限的喜悦。

再画一圈，每画一颗，就默念：我就是一切，我就是全部，我是一切丰盛的源头，我就是宇宙！应有尽有！

外圈：我是丰盛富足的，我拥有无限丰盛的金钱。

都画好了默念完了。就完成了。这张红纸折叠放在枕头底下。

以后每天从：我爱金钱金钱爱我开始直到最后一句我是丰盛富足的，我拥有无限丰盛的金钱。早念：49 遍，中午：49 遍，晚上：108 遍。

念完了这些，你就可以喊口号了：我来钱了来钱了！我进账了进账了！我来钱了来钱了……遍数多多益善。（提示：喊口号的时候以欢喜心边笑边喊）

备注

这个小魔法是暴富，是不设限的，你可以无限富有，可以是亿万富豪，可以是百亿富豪，千亿万亿富豪，照着念，你一定会实现你的梦想的！

提示：如果你觉得念 49，49，108 遍有阻力，那你们就早念 3 中午 6 晚上 9，这也是起效果的！

 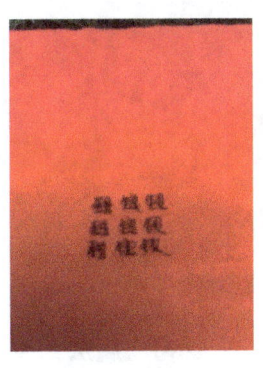 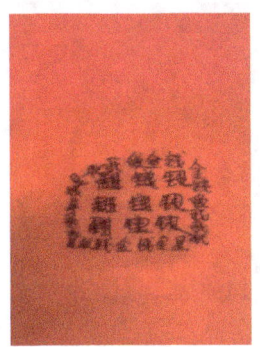

暴富小魔法

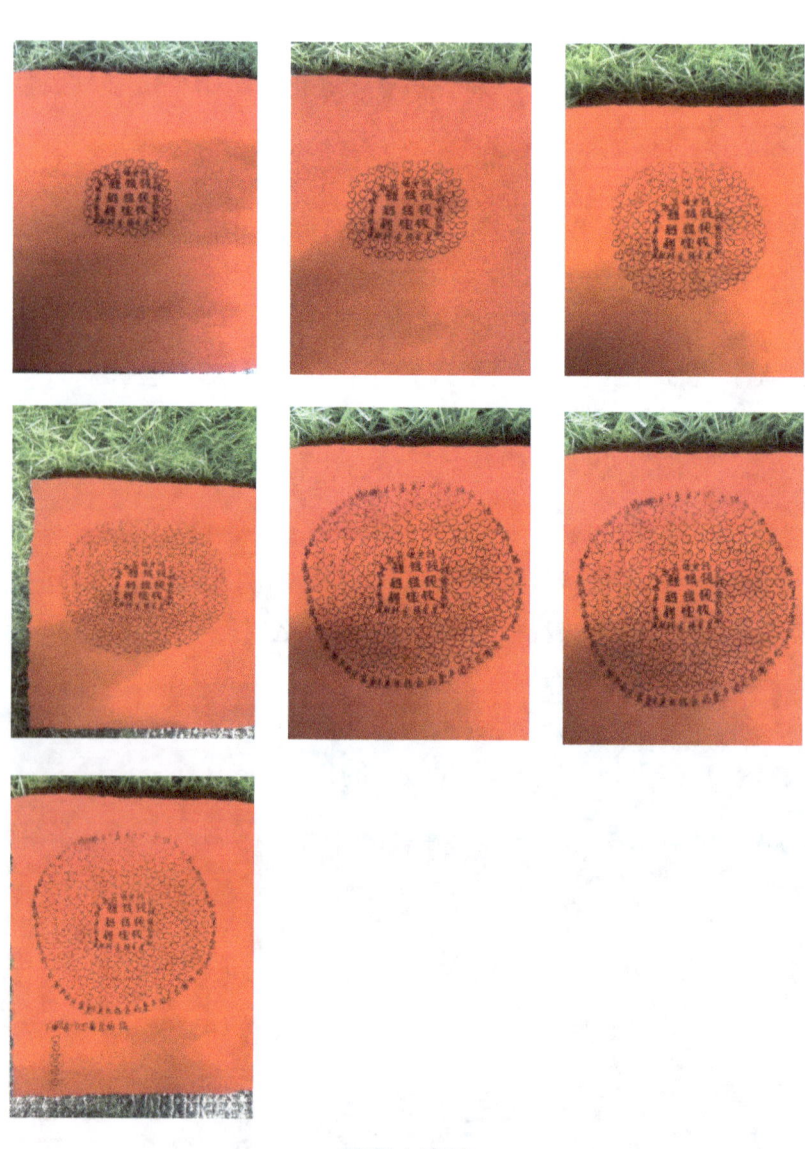

暴富小魔法

增长财富小魔法

一张 100 的钱，和一张红纸，红纸上写：感恩我累生累世今生今世所获得的所有金钱，放在手机壳里。

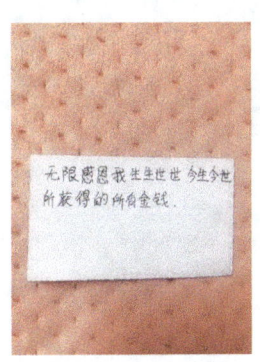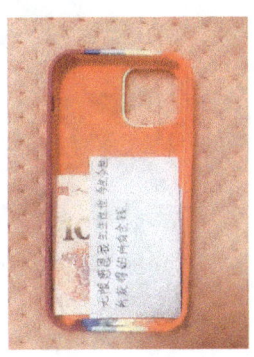

增长财富小魔法

第五章　小魔法

好孕小魔法

步骤

红纸，撕边，上角写你爱人名字，对角你名字，画心，中间画大，里边写：宝宝，你想要男宝宝就写男，想要女宝宝就写女哈，左边写：宝宝谢谢你（投胎）来到我们家，右边写妈妈爱你爸爸爱你，你和你爱人的名字对着叠好。放在枕头下面，每天睡前拿出来念7遍，7天后烧了，灰放在树下就可以了。然后你放松心情，该干什么干什么，不要执念，宝宝很快就来了。

注意事项：其实你在写的时候你的儿子就已经到位了，只是空间纬度不同，你看不到他而已。知道了吧，他的出生只是个时间问题。

写画的过程用你全部的母爱，就像真的在跟你儿子对话，因为他是真正的存在了，懂了吗？

这7天每天念的时候，他真的就在你身边，所以你就是真的在念给你儿子听呢。

他感受到了你的母爱，他也会爱你，你很快就会怀孕。

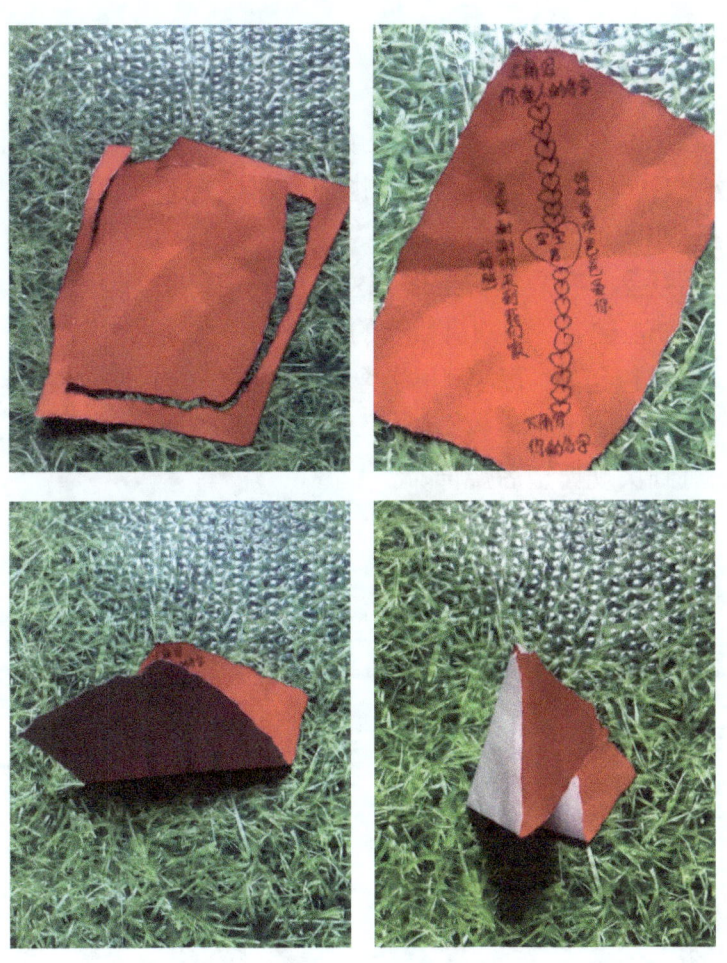

好孕小魔法

55

找到好工作小魔法

步骤

红纸，撕边。

感恩我找到了一份心仪的好工作，太棒了！薪水高工作轻松，工作环境非常好，同事也都非常的友善，我满心欢喜。谢谢！谢谢！谢谢！

画默念：我爱这份工作，这份工作也爱我。（提示：以欢喜心感恩心去念，越欢喜找到的越快）

放在包包里，每天，早上念三遍，中午念六遍，晚上念九遍。

直到实现愿望后烧掉。

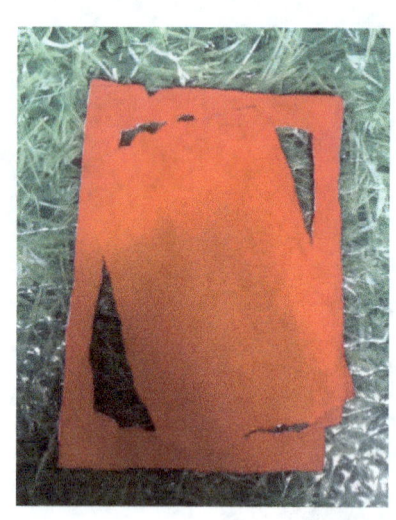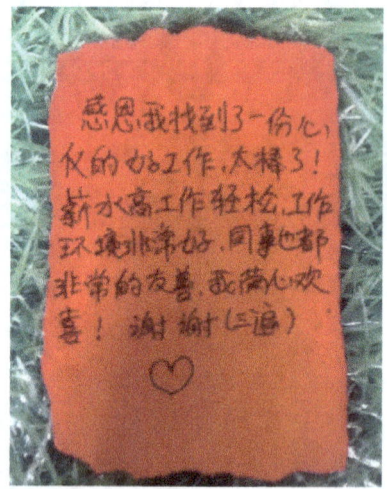

找到好工作小魔法

拥有良好人际关系小魔法

大家都抱怨被人际关系搞的焦头烂额，下面我分享怎样拥有良好的人际关系小魔法。

步骤

红纸撕边，写：感恩我拥有良好的人际关系，每一个人都对我释放善意和温暖，我很感恩，我很开心，谢谢我生活中遇到的每一个人。我爱我生活中遇到的每一个人，我生活中遇到的每一个人也爱我！谢谢！谢谢！谢谢！

早晨念3遍，中午念6遍，晚上念9遍。（念的时候以欢喜心，感恩，你越感恩越开心就扭转的越快）

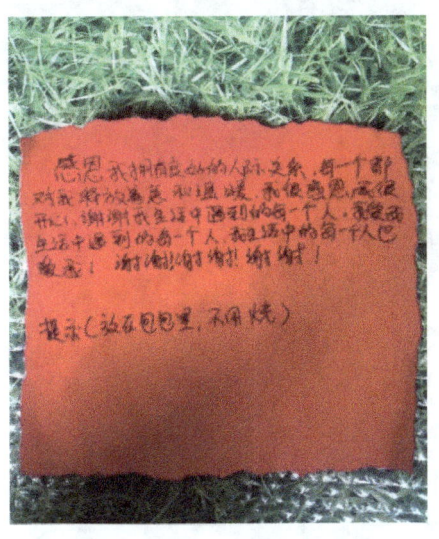

拥有良好人际关系小魔法

找到东西小魔法

在生活中我们常常会找不到东西，找不到手镯项链，或者你的小猫小狗跑丢了，你都可以用这个小魔法。

红纸撕边写：感恩我的某某某找到了！我太开心了！真是太棒了！

早晨念 3 遍，中午念 6 遍，晚上念 9 遍。（念的时候以欢喜心，越开心找到的越快）

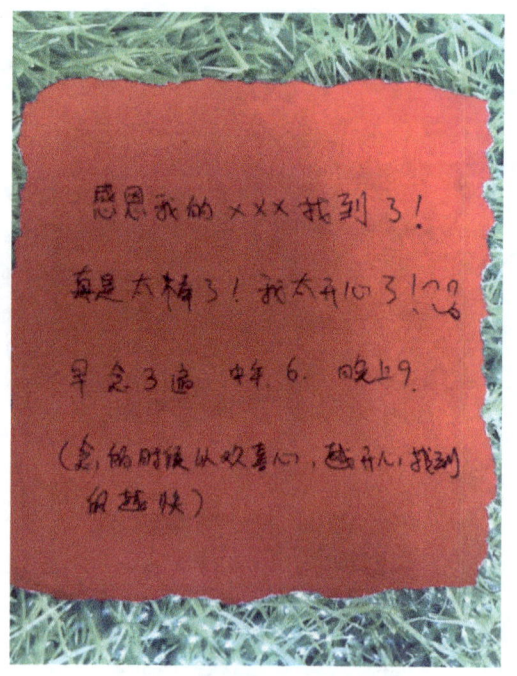

找到东西小魔法

58

还钱小魔法

步骤

红纸撕边写：感恩某某某赚大钱了！感恩他有足够的钱还我了！感恩某某某还我钱了！真是太好了！我太开心了！我太开心了！

早晨念3遍，中午念6遍，晚上念9遍。（提示：念的时候以欢喜心，越开心他还的越快；又为什么我们要写他赚大钱了呢？因为大部分人不还钱，是因为他没有足够的钱还你，并不是他不想还。）

如果你认为他是有钱不还的类型，这样去写，红纸撕边写：感恩某某某还我钱了！真是太好了！我太开心了！我太开心了！

早晨念3遍，中午念6遍，晚上念9遍。（提示：念的时候以欢喜心，越开心他还的越快）

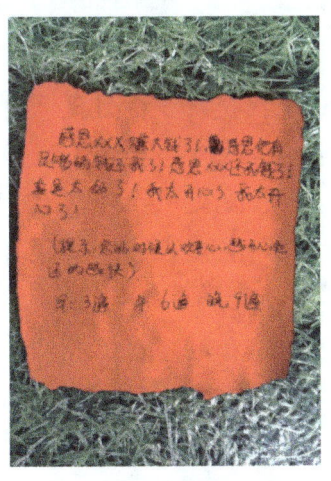

还钱小魔法

59

自信小魔法

先说一下自信，生活中几乎所有的痛苦都来源于你的不自信（自卑）或许因为原生家庭潜意识里输入了"我不够好"的程序。你去展示自己，你需要外界的肯定和夸赞来满足内心的匮乏。

其实，你要知道你是高贵无价的，你是珍贵无比的，你是独一无二的！地球为了你而转动，太阳为了你而升起，花为了你而开放！你很伟大，你是神！你是你自己世界的创造者，你是完美的！不管你长成什么样子，不管你在做什么工作，不管你现阶段富有与否，请你出门就像女皇像国王那样行走！因为你是完美的！你是圆满的！无论在何种情况下你都是值得被爱的，无论在何种情况下你都是配得上这世间所有的丰盛富足与美好的！！

红纸撕边写

我是高贵无价的，我是珍贵无比的，我是独一无二的，我足够好！我认可我自己！我肯定我自己！我是丰盛富足的，我值得被爱，我配得被爱，我配得上我爱的人，我配得上这世间所有的财富！我值得拥有人生全方位的丰盛富足与美满。感恩我是一个自信的人！感恩我充满了自信！！！

早晨念 3 遍，中午念 6 遍，晚上念 9 遍。

（放包包或者口袋，提示：念的时候以欢喜心。）

49 天以后一个全新充满自信的你就重现了！

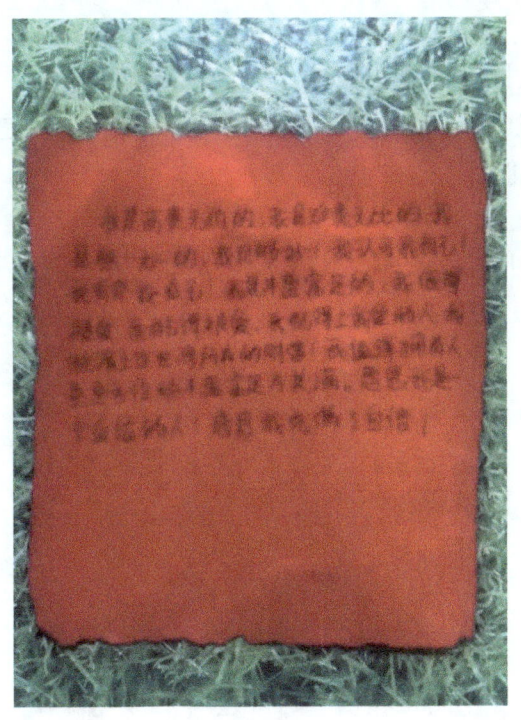

自信小魔法

61

减肥小魔法

红纸撕边写

感恩我拥有苗条的身材，我拥有我理想的体重（多少斤），感恩不论我吃什么都是苗条的身材，标准体重！真是太棒了！我好开心！谢谢！谢谢！

早晨念 3 遍，中午念 6 遍，晚上念 9 遍。

（念的时候以欢喜心，越开心瘦的越快）

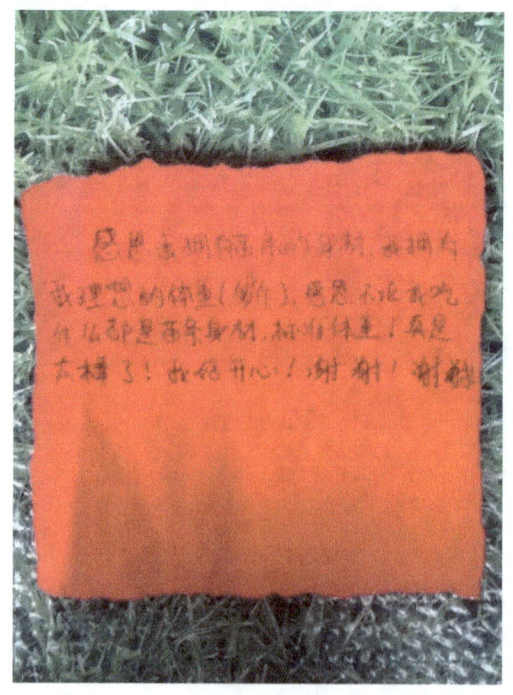

减肥小魔法

健康小魔法

我们想要享受人生全方位的丰盛富足与圆满，拥有健康的身体是基础！

两种版本：一种是生病的人念的，一种是本来就健康的人念的，需要念哪个大家随机带入。

红纸撕边写

感恩我的疾病康复了！感恩我恢复健康了！感恩我身体的每一个细胞和所有的器官 24 小时不停的工作竭尽全力的照顾我，感恩我强大的免疫系统让我恢复了健康！感恩我很健康！真是太好了！我太开心了！谢谢！谢谢！谢谢！

早晨念 3 遍，中午念 6 遍，晚上念 9 遍。（念的时候以欢喜心，越开心康复的越快）

红纸撕边写

感恩我是一个健康的人，感恩是健康的犒赏让我存活于世，感恩我身体的每一个细胞和所有的器官 24 小时不停的工作竭尽全力的照顾我，只为了让我健康的过下去。感恩我健康充满活力的身体！感恩我越来越健康！真是太棒了！我很开心！谢谢！谢谢！谢谢！早晨念 3 遍，中午念 6 遍，晚上念 9 遍。（念的时候以欢喜心，越开心越健康）

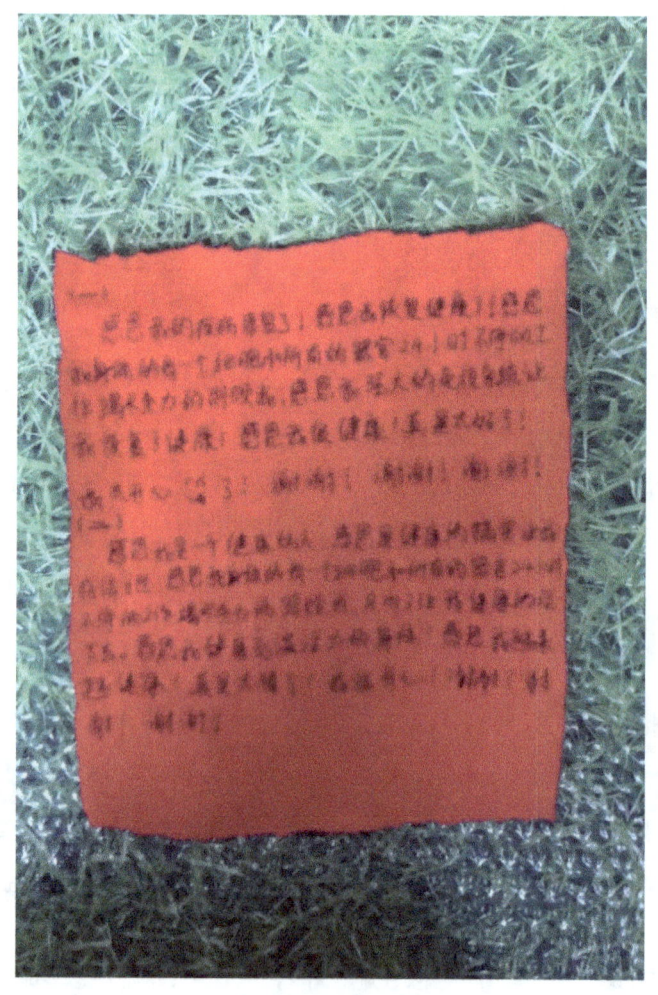

健康小魔法

幸运小魔法

红纸撕边写

感恩我是一个幸运的人，感恩我是全世界最幸运的人！感恩所有的幸运都会降临了我头上！感恩我就是幸运之神！感恩我的人生幸运相伴！感恩我好运连连！我很开心！谢谢！谢谢！谢谢！

早晨念 3 遍，中午念 6 遍，晚上念 9 遍。

（念的时候以欢喜心，越开心越幸运）

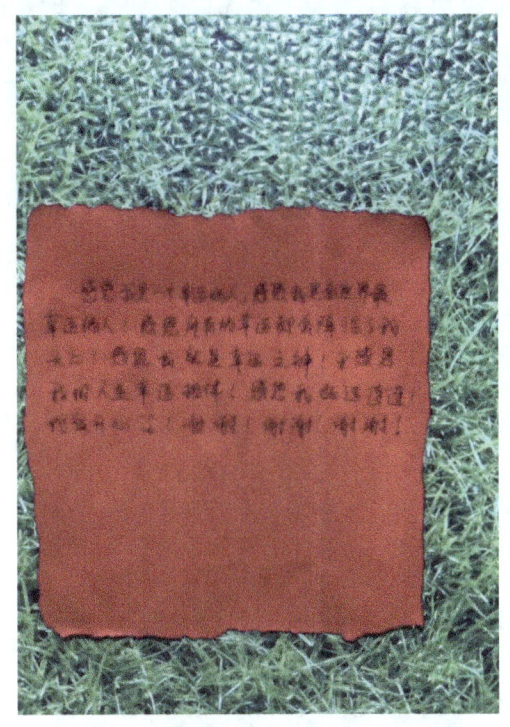

幸运小魔法

贵人小魔法

感恩我贵人连连，感恩不管我做什么事都有贵人相助，感恩我总是处于天时地利人和中，感恩我总是顺风顺水！真是太好了！我太开心了！感恩我所有的贵人对我的帮助和爱护！谢谢！谢谢！谢谢！祝福我生命中所有的贵人！！！

早晨念 3 遍，中午念 6 遍，晚上念 9 遍。

（念的时候以欢喜心，越开心贵人越多，祝福的部分越真心越好，贵人越真心帮你）

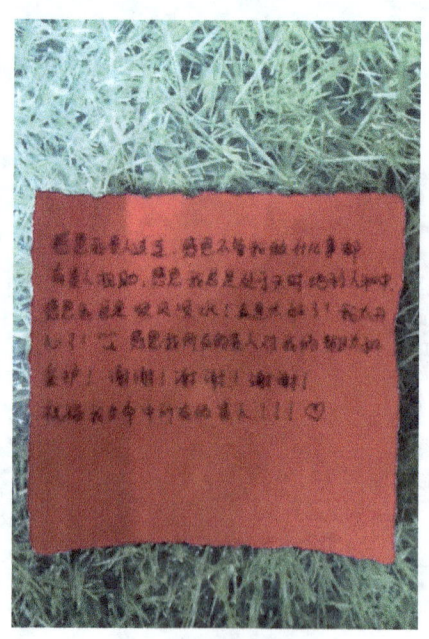

贵人小魔法

考试通过小魔法

红纸撕边写

感恩我太棒了！感恩我发挥超常！感恩我考试通过了！感恩文昌帝君加持！！感恩我智慧大开！真是太好了！我很开心！谢谢！谢谢！谢谢

早晨念 3 遍，中午念 6 遍，晚上念 9 遍。

（念的时候以欢喜心，越开心分数越高）

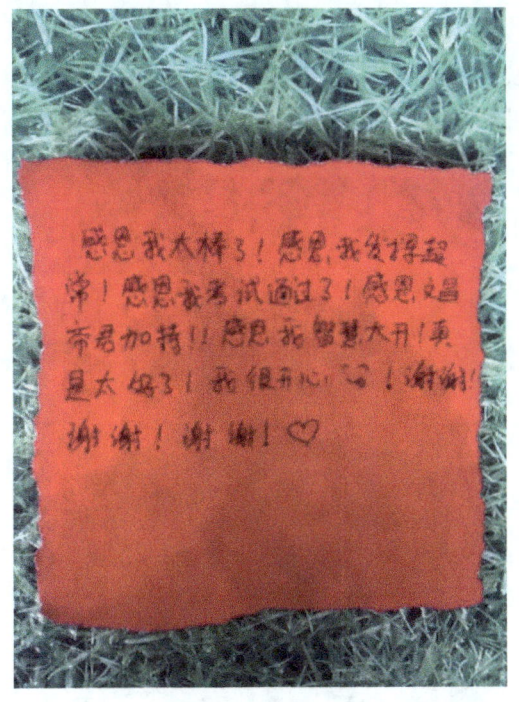

考试通过小魔法

提高记忆力小魔法

在日常生活中如果你常常忘事或者学习或工作效率不高你可以用这个小魔法。

红纸撕边

先画一个大脑，写：超强大脑或者写感恩我的超强大脑！再写：感恩我拥有超强的记忆力，感恩我总是把需要做的事情记得清晰明了，感恩不论我学什么做什么，总是过目不忘！我太棒了！我很开心！谢谢！谢谢！谢谢！

放在包包里每天念早晨念3遍，中午念6遍，晚上念9遍。（提示：念的时候以欢喜心感恩心，越开心记忆提高的越快）

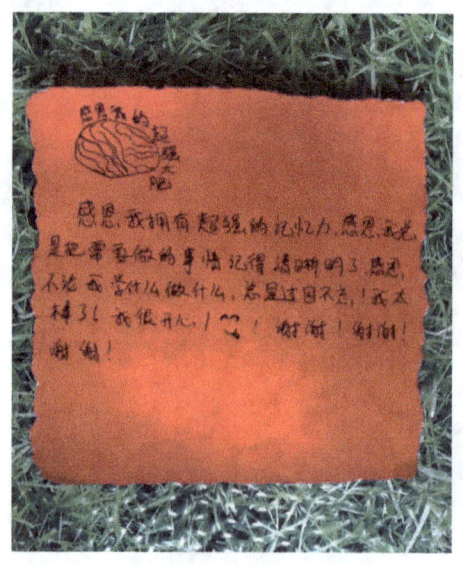

提高记忆力小魔法

好眠小魔法

有的人睡眠质量差或者直接失眠你可以用这个小魔法。

红纸撕边写

感恩我一夜好眠！感恩我拥有高质量的睡眠！感恩我拥有深度睡眠，就算外边打雷我也听不到深度睡眠，感恩我每一夜好眠！真是太好了！我好开心！

早晨念 3 遍，中午念 6 遍，晚上念 9 遍。（念的时候以欢喜心，越开心越好眠）

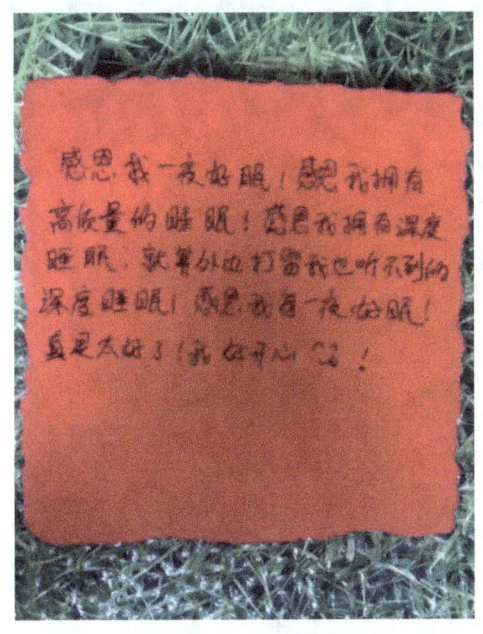

好眠小魔法

快乐小魔法

步骤

红纸撕边写：感恩我是一个快乐的人！感恩人世间所有快乐的人事物都向我聚集而来！感恩我每天笑口常开！感恩我被所有快乐的人事物所围绕！感恩我太快乐了！感恩我很快乐！真是太好了！谢谢！谢谢！谢谢！谢谢所有让我感到快乐的人事物！祝福所有带给我快乐的人事物！

早晨念 3 遍，中午念 6 遍，晚上念 9 遍（念的时候以欢喜心，越开心转化的越快）

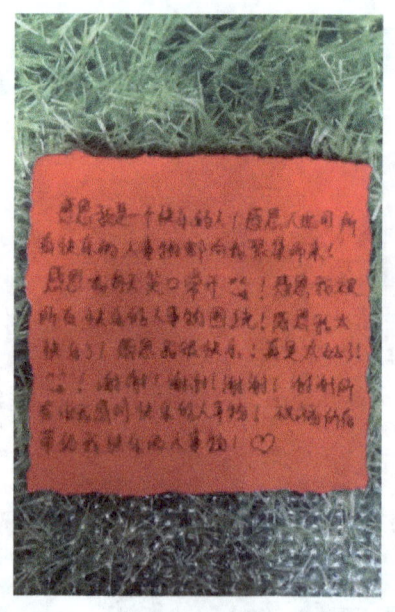

快乐小魔法

幸福小魔法

步骤

　　红纸撕边写：感恩我是一个幸福的人，感恩我是全世界最幸福的人！感恩全世界所有的幸福都奔我而来，真是太好了！我太开心了！谢谢！谢谢！谢谢！

　　早晨念3遍，中午念6遍，晚上念9遍（念的时候以欢喜心，越开心越幸福）

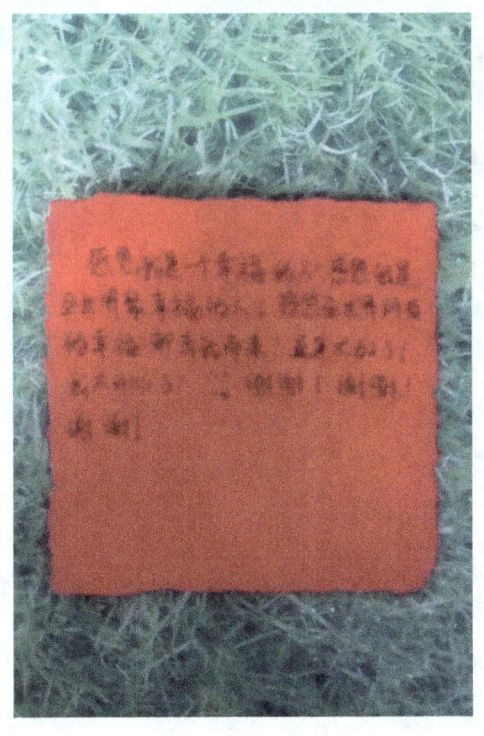

(幸福小魔法）

忘记一个人小魔法

如果在生活中你很讨厌一个人，但是以你各人目前的修行层次又不能突破这种痛苦。你可以用这个小魔法。

步骤

红纸撕边写：ta 的名字（比如他叫：小傻瓜）他的名字覆盖"忘"字。在"忘"字上打×，然后折叠这张纸到最最小，然后再挖坑埋了。

忘记一个人小魔法

与去世亲人再联络小魔法

如果你很想念去世的亲友，但是因为我们与她们所处的维度空间不同而无法联络，你可以用这个小魔法。

晚上临睡前红纸撕边写：亲爱的某某某，谢谢你生前对我的爱护帮助和疼爱，我非常的想念你，你过的还好吗？（提示：心里难过可以哭）

写完折起开来放在枕头下面立刻就睡觉，她就会来到你的梦里，她会回答你的问题，并叮嘱你一些话。

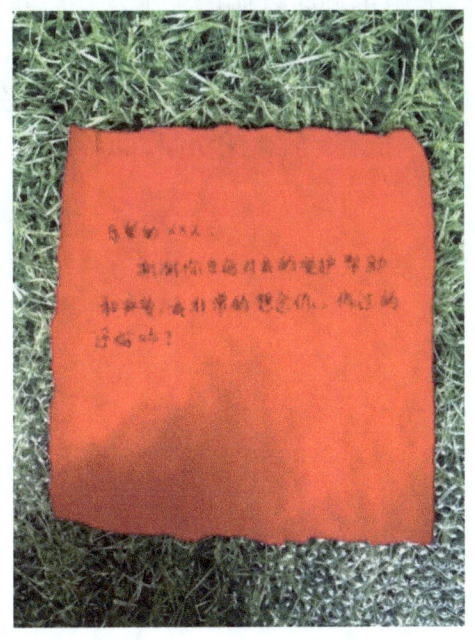

与去世亲人再联络小魔法

73

分享化解诅咒小魔法

在生活中你如果心念善良但是总是运势不好，或者身体不舒服，去医院检查又显示是健康的。那么你可以用这个小魔法。

步骤

上午，找个太阳大的时间比如 10 点，11 点之前，找被太阳晒的墙，在墙上用手顺时针画圈，画 7 个，边画边说，画一个圈说一句。：百无禁忌，万事吉昌。

做完了，再去，找张红纸撕边写：百无禁忌，万事吉昌（竖着写）写完了，折叠，放在床头橱。以后有人再想诅咒你，都不能得逞。

化解噩梦或者不好的梦小魔法

步骤

　　上午，找个太阳大的时间比如 10 点，11 点之前，找被太阳晒的墙，在墙上用手顺时针画圈，画一个，说：百无禁忌，万事吉昌。

烂桃花退散小魔法

提示：如果你是想让自己的烂桃花退散就写自己的名字，如果你是想让你爱的人烂桃花退散就写你爱的人的名字。

步骤

红纸上写你自己的名字或者你爱的人的名字。然后画大括号"{"，在大括号后边写：一切烂桃花，再在里面画上烂桃花（就是画那种花瓣不全的花）画几个都可以。用黑线缝上横线和竖线，呈网状。表：网起来，然后，把烂桃花一个一个的打×号! 表：封印。然后在大括号前面画雷击符号，表：震慑。意思为：已经把你们所有的烂桃花都封印并全部网住，胆敢有逃脱出来想靠近伤害我的就启动雷击程序! 然后折叠折叠好了，用黑线捆绑。做好了就烧了，一天做一个，连做三天。做完了从今往后再有烂桃花想靠近你，ta 们就会毛竖，有一股无形的力量拉扯 ta 们不敢靠近伤害你。（提示：做的时候以欢喜心的情绪，越开心越没有跑掉的! ）

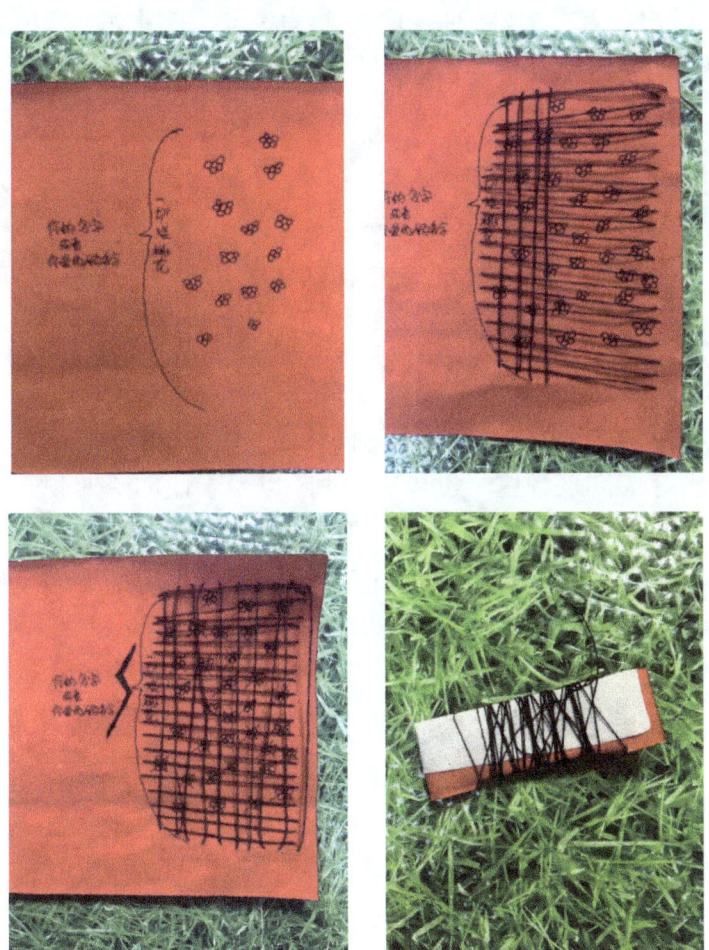

烂桃花退散小魔法

化解堕胎怨气负能量纠缠拉低你的运势小魔法

现如今有很多姑娘打过胎，心里都非常的害怕，害怕业障纠缠，现在我来分享你们如何化解。

步骤

红纸，撕边。
你给 ta 起个名字，或者直接叫它宝宝。

格式

宝宝。对不起，因为妈妈的种种过失让你没能来到这个世界上，剥夺了你来到这个世界的权利，以至于让你四处飘荡孤苦伶仃没有落身之处，都是妈妈不好，请你原谅妈妈，妈妈对不起你！对不起！（真心承认自己错了，现在你可以哭痛哭最好了）哭完了自我宽恕。

继续写：妈妈现在就祈请太乙救苦天尊接引你往生净土。
画写：我爱你 ♡
然后边写边念：
祈请太乙救苦天尊慈悲接引我的孩子往生净土。（三遍）
感恩太乙救苦天尊慈悲接引我的孩子往生净土。（三遍）
写完了烧了就化解了。

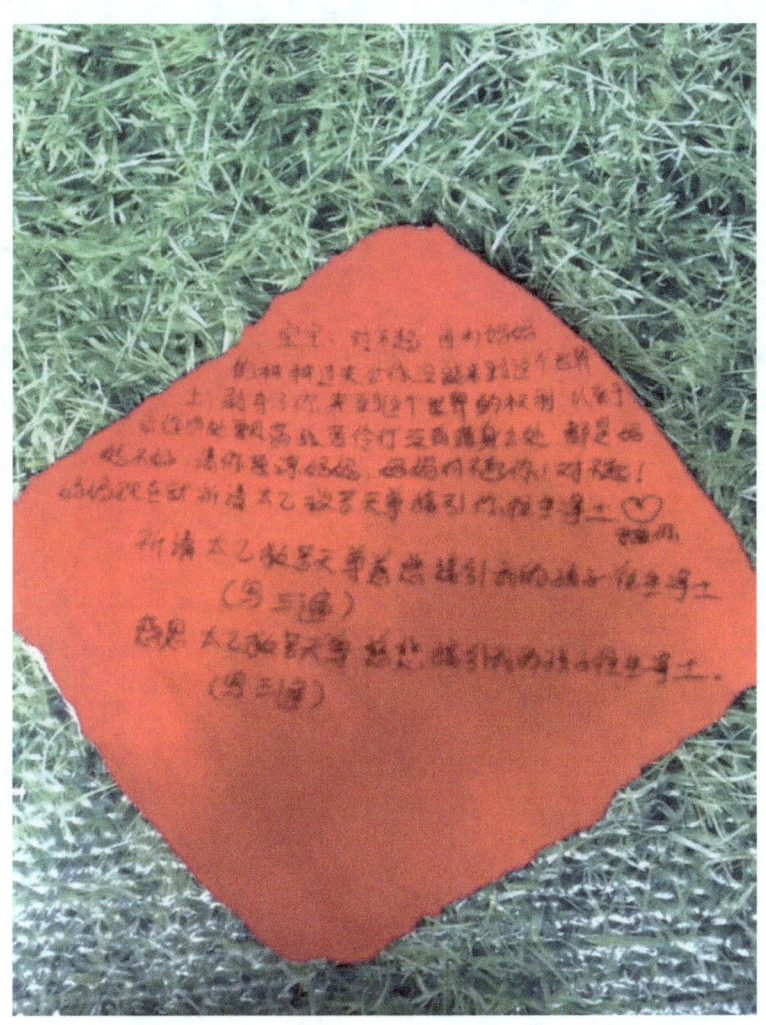

化解堕胎怨气负能量纠缠拉低你的运势.小魔法

怎么预测做的决定对不对

做了重要决定先吃一顿，挑自己最爱吃的东西，看看味道有没有变，如果爱吃的东西突然变得不好吃了，那说明你选择有问题，要三思……

如果一直打嗝如何停止

如果你一直打嗝，那么马上把筷子垂直桌面摆正，打嗝立即就会消失。

第六章　　智慧篇

什么是爱？

我们大部分人都把"爱"和"需要"混淆了，假如你想要某个人，是为了让她带给你快乐，是为了让她为你服务，为了要她为你生儿育女，你需要人家的肉体满足你的生理需求，你需要人家满足你的金钱物质，你需要人家来爱你，你需要人家来疼你照顾你，这些都属于"需要"，出于你的需要而去付出你能付出的，这是一种交换，爱不是需要，真正的爱没有条件，"需要"充其量只能算是一种喜欢或者说好感，喜欢和好感是会随着时间而褪色和瓦解的。

而爱是：我不需要你的爱，我不需要你的金钱物质，我不需要你的肉体，我不需要你对我做出服务，说真的我对你一无所求，这种状态下的"我爱你"这就是爱，爱不需要一纸婚书，爱不需要婚姻契约，爱不是控制和束缚，爱不是占有，爱代表自由，爱不需要承诺，我爱你，我只是爱你这个人，我只想对你付出，我只想你快乐，这就是真爱，而符合彼此无所求的两个人在一起才才是真爱。

分享如何得到爱?

宇宙法则,你付出什么就会得到什么,你付出爱就会得到爱,付出伤害就会得到伤害。

有人会疑问:我付出爱了呀?为什么得到是伤害?因为你并不知道什么是付出爱,你以为的付出爱,其实是付出的是伤害。

你付出伤害而向宇宙祈求爱,你为难宇宙。下面我说什么是付出爱,什么是付出了伤害。你来对照一下。

试图改变他人不是在付出爱,是伤害。

用你自认为的好去对待他人好,不是在付出爱,是伤害。你应该花点心思他人真正想要的是什么。

认为自己是对的别人是错的,不是在付出爱,是伤害。

窥探别人的隐私,不是在付出爱,是伤害。

用心机套路,不是在付出爱,是伤害。

监视别人不是在付出爱,是伤害。

批评,评判对错,指责,责备,抱怨,唠叨,挑剔不是在付出爱。是伤害。

占有,不是在付出爱,是伤害。

想控制,掌控他人,不是在付出爱,是伤害。

限制别人的自由,不是在付出爱,是伤害。

束缚,捆绑,不是在付出爱,是伤害。

强求,不是在付出爱,是伤害。

对别人做出要求,要求别人来爱你,你在索取,不是在付出爱是伤害。

对别人付出而要求回报，不是在付出爱，这是交换。

所以，你和别人争论对错，或是去批评备或者认为自己才是对的，而想改变别人，就不是在付出爱。

爱代表的是自由，不是束缚，限制与索取，当你对你的伴侣做了以上这些伤害，灵魂的本质喜欢自由，不喜欢被控制和束缚，他她就会想逃离，这就是为什么你的爱的人会离开你。

你要知道爱不是索取来的，不是要求来的，不是你去许愿希望某某某来爱我。得到爱的方法只有一个就是：付出爱才能得到爱。想让一段关系变的美好，就是感恩，感恩就是在付出爱，感恩他人对你的付出，感恩他人对你的爱，感恩什么就是在给什么加能量，越去感恩你的他她，他她就会越来越爱你，再就是你对他人无所求的付出，注意"无所求哦"，因为你在付出爱，付出爱就会得到爱。当你能真正的去付出爱的时候，爱就会自动来到你身边，不求自得，因为当你真正去付出爱的时候，别人的灵魂是感知的到的，不用你捆绑他她他她会一直留在你身边。

"付出爱"适用于你生命中的每一件事，不只是两性关系，更是所有关系的重要法则。

所以，即使是短暂的接触，也依然要对每个人付出你所有的关怀，理解和爱，别计较任何回报，将你的温暖洒向生命中的每一个人，付出什么得到什么，从此以后，你的人生会越来越顺利！

如何找到对的人？

首先要看的是，你自己是不是对的人？你有多种的需求，有生理需求，有心理需求，有情感需求，需要人家爱你，经济需求，各种不同的需求，当你带着这么多需求走向一个人的时候，你就好比是个乞丐。就像我画的第一张图，是不完整的，是匮乏的，你带着这些需求走向一个人，好的，他，她接受了你，因为你的匮乏永远填不满，有一天他她受够了，要撤离。这时候你就崩溃了，活不下去了，一个人在风中凌乱…… 因为你是个乞讨者，你没有选择权。

再比如我画的第二张图，两个同样有很多需求的人相爱了，匮乏的人相遇，彼此乞讨，也一样不会长久。

所以，你必需找到自我，你要明白你是圆满的，你心中是充满无限的爱的，你无条件的爱自己，爱一切生命，你就是爱的化身，你什么都不需要，什么都不缺少，你只需要对你爱的人付出你无条件的爱。只是爱你，我无所求仅此而已。只有你圆满了你才能遇到那个圆满的人，最美好的爱情只发生在两个圆满人之间。生命本来就是丰盛富足的，真的不必把自己像活的像乞丐那样狼狈不堪。

再看我画的第三张图，两个圆满的人相爱，彼此无条件的爱，共同成长，灵魂契合精神享受，手牵手一起走向更美好的人生。

如何找到对的人

如何清除负能量

　　如果你去到一个地方有人负能量很大，你反应慢了没及时躲避，受到了影响，觉得无精打采，这时候该如何补救？方法：赶快回家，把热水器调到33度，接一大盆水，从头顶倒下来，从头到脚哦，负能量就清除了，就会浑身充满了正气的能量。

缘分是否不能更改

眼前有两杯水，一杯代表你，一杯代表你爱的人，水的容量代表你你们的缘分，其中一个人总是付出伤害，就是在往外舀水，被伤害的一个没抱怨没指责，被伤害的一方没有舀你的水，ta 没有付出伤害，积攒够了伤害水就舀干了就等于 ta 和你的缘分尽了，这时 ta 要离开，但是这时候你的水是满的，你的缘分是满的，你接受不了 ta 的撤离。你哭鼻子抹眼泪，到处找大师去算，好吧，大师给你算了一卦说了肯定语：你俩完了缘尽芭比 Q 了！不可更改！你俩再也没有缘分！

然后你就信命了，晚上开始郁闷还发了条动态：人间尽是遗憾。我说的是不是你们？

好了！！给我振作起来！！我告诉你们真相：谁和谁都是有缘的，没有缘尽这一说！缘分不是注定的！缘分可增加可减少，一切在你为！一切的掌控都在你自己的作为！你是你命运的主宰，你是神！你想要什么就能得到什么，不论是爱人还是金钱财富人生全方位的圆满和喜悦。

就比如我说的这个栗子，平常人就认为它是个定局。我说这可以改变，很简单，不是 ta 的杯子里没水了吗？为什么没水？付出伤害消耗尽了，对吗？我们再往 ta 的杯子里加水，加水就是再付出爱呀，你付出到一定程度 ta 杯子里的水和你杯子里一样多，或者再猛点，直接给 ta 加溢出来，这时候 ta 又回头了，善缘良人，ta 很爱你，他只能爱你，这不就破了局了吗？是吗？所以不要再去算命算卦了！一切不是定数，事在你为！你是你自己命运的主宰！你自己说了算！

这个世界上善缘可以变恶缘，恶缘可以变善缘，都不是定数！记住啦！

　　这就是为什么用了我的小魔法，你的 ta 能回来，就是我们又重新注入了爱的高频能量，我们加水了，让这段缘分起死回生。

如何提高自己的频率

不议论别人，不再评判任何人

梦镜梦到某个人的含义

当你梦见某个人。梦境就是两个灵魂的潜意识在沟通。

怎么分辨真假直觉

　　如何分辨真假直觉？就是我也不知道是为什么，但是就是想这样去做！这是真直觉，经过了大脑思虑，而得出来的感觉是假直觉。真直觉就是宇宙的指引。假直觉忽略即可。

关注什么就是在祈祷发生什么

如果你一直关注负能量的事，那么它会重复发生。如果你反复关注负能量的事，它就会发生在你身上，宇宙不分好坏，宇宙读的是你的能量，你所关注的就是你的能量所在，宇宙会如实呈现给你。所以你要关注美好，幸福快乐，丰盛富足，那么宇宙就读懂了你的能量，宇宙说：来吧，我们一起创造吧！

为什么你会无缘无故的讨厌一个人？

但是这个人表面上并没有和你发生冲突，甚至还会笑脸相迎。真相是：他的心里对你起了恶念（抱怨，嫉妒，咒骂，希望你过的不好）你的灵魂收到感知到了他发送的意识能量波，你的灵魂能量场做出了反应，让你心里觉得非常讨厌他。

活在世界上"善良"为人生最高指导原则

　　每个人离世那一瞬间，脑子里会快速闪过这一生的所有，包括遇到的每个人，做的每件事。还有违背良心的事，但那时侯悔之晚矣，所以在生一定要善护自己的德行，因为眼睛能看到的东西没有一样带得走，唯有德行跟随。所以，请善护身口意！

生活智慧

付出爱你就会得到爱，少说话别说没用的不唠叨，不八卦，不背后说别人的坏话，不评判，不说好坏，不说对错，不挑剔，不指责，不抱怨亲友聊天不提起别人不喜欢

提起的人事物，会让别人心生厌烦，为他人着想别管的太宽，少管别人的闲事，别人没向你寻求帮助的时候，不要插手别人的事，别人没问你意见的时候不要主动给别人提意见，不要以你自认为的好去对待别人好，对别人不一定适用。允许别人做别人，别人有别人自己的规划与生活，我们予以尊重当你越来越善良，你就会越来越幸福。

第七章　桃花魔法

宇宙规律：付出什么拥有什么

宇宙订单

其实我们每一个人都在不知不觉中和宇宙下了订单。整个宇宙都是能量信息场，宇宙通过你的发送的能量信息来辨别你想要什么。比如宇宙让你看到每一件事物，宇宙的潜台词是：你想要吗？你想得到和他一样的成就吗？

比如宇宙让你你看到世界首富他赚了一万六千个亿。你起一个心念：哇哦～他好棒，我由衷的为他感到开心，他得如我得的那样开心！你的心念能量波传送到宇宙，宇宙接到的信号是：你也想拥有！好的宇宙就会搜寻各种渠道给你拥有和世界首富一样的成就。

如果反之，你看到世界首富赚了很多钱，你起的心念是：嫉妒心，憎恨心，仇富，咒骂金钱。那么也是一样，宇宙接到发送的信号是：我不要！我不喜欢金钱，我讨厌金钱！好的，宇宙就会给你推远，你永远不会有和世界首富一样的成就。

再比如你看到一对恋人非常的恩爱，你起心动念为：我真为他们感到幸福，我祝福他们永远恩爱幸福。心念能量波一发送，宇宙接到的信号是：你也想拥有恩爱幸福！宇宙说：好的！给！宇宙就会搜寻各种各样的的渠道送给你最爱的人，让她与你相伴一生。反之，你的起心动念为：嫉妒，恶念希望人家快点分手。宇宙接到的信号是：你不要！宇宙就会给你推远，所以你永远不会有恩爱幸福的爱情，即便有了爱情，也会很快分手。

就是这么简单，你随喜赞叹别人，就是在成就自己，当你内心充满爱，心存善念，其实最先利益到的是自己，就是所谓的：不求自得。

所以你想要什么就发自内心的由衷为他人感到开心，就像自己得到那样的开心。如果你想拥有丰盛的金钱，那么现在就去把福布斯排行榜的富豪统统赞叹一遍吧！

还有恐惧害怕担心，你恐惧害怕担心什么，什么就会发生，就等于是你在和宇宙发送信号，你想要这样的事情发生。所以担心就是诅咒。

生活中我们要有智慧，真心了解宇宙的运作规律，才能更好的生活。祝福大家拥有智慧，心存善念，掌控幸福人生。

开运妆

眼影涂粉色或者桃红色，粉色桃红色，第一个作用是：召唤正桃花，第二个作用是：如果你已经有对象了，能让你们更恩爱。眼线黑色，眼尾画上扬，这样增加灵气。腮红用粉色桃红色，有的人赶潮流用杏色，我们不用，杏色偏黄，拉低能量。口红最开运的颜色：橙调正红，这可以给你召唤你周围的人都对你温暖又热情。用你的浅粉色腮红薄薄的打在额头上，催运，召唤鸿运当头，出门遇好事。还有两眉毛之前的距离两指，不合适距离的好快修一下。刘海不要挡额头，额头是天庭不能挡，会阻挡运气。然后用小酒杯接三分一的水，用手拍在头顶。

好了平时我们常常会感恩，感恩宇宙天地万物的滋养，感恩祖国爱护，感恩一切众生辛苦忙碌从事各行各业为我们的衣食住行付出的爱，可是唯独没有感恩过我们自己。那么现在对着镜中你美丽的身影说一声：谢谢你，我爱你（说三遍）好了，可以出门了，我们爱自己，能量爆棚！好运满满！

头像召唤正桃花

小魔法如何用头像召唤正桃花。

你的头像有很重要的作用，能量高的头像可以瞬间提升运势。（提示：有爱的人你就观想他，她，没有爱的人都观想你心中标准的人）。

说步骤

拿出来手机，观想手机摄像头就是你最爱的人。这时候你会用什么样的眼神望向你最爱的他，她？你又会用什么样的表情看他，她？你的心情是怎样的？好就在这时赶快按拍摄，定格，锁定能量！你不要去评判这张照片好不好看，它有很高的能量可以帮你召唤你的正桃花。

召唤正桃花

小魔法，召唤正桃花。
坛城布好，点酥油灯，一圈摆上花。

步骤

　　看着火光，然后闭上眼睛，观想你的正桃花面带微笑看着你，向你奔跑而来（如果有特定喜欢的人，你就观想他（她）如果没有特定的喜欢的，你就观想你心中标准的人）你很欢喜，张开双臂迎接他（她），你拥他（她）入怀幸福甜蜜，你们在一起了。然后，赶快捂住双眼！锁住能量！一分钟后拿开手就可以了。祝愿良缘在侧，共叙天伦！

制作魔法荷包召唤正桃花（招正桃花荷包）

材料: 粉水晶, 大玫瑰, 金边玫瑰, 牡丹。

1. 把粉水晶放在盐水浸泡11分钟, 再用清水冲干净。
2. 再把这些所有的材料, 中午放在能晒到太阳的地　　方, 晒21分钟, 11点到12点之间, 再到晚上出星星☆的时候, 放在窗边, 7分钟。晚上8点到9点之间。
3. 然后把所有的材料放在许愿蜡烛前, 点上许愿蜡 烛, 49分钟。
4. 然后把所有的材料都装进荷包袋。
5. 再剪一个红纸, 写上: 谢谢魔法荷包让我找到了我的正桃花! 我太满意了! 最后把红纸放进荷包袋里。封袋。

　　以后每天早上, 3遍中午, 6遍晚上, 9遍, 以非常欢喜的心对着荷包说: 谢谢魔法荷包让我找到了我的正桃花! 我太满意了! 谢谢! 谢谢! 谢谢! 你越欢喜这个人出现的越快。

制作魔法万能许愿荷包

材料：黄水晶，粉水晶，白水晶，金沙石，虎眼石，黄玛瑙，红玛瑙，蔷薇石，紫水晶，葡萄石，多尖紫水晶，牡丹，金边玫瑰。

1. 把黄水晶，粉水晶……放在盐水浸泡7分钟，再用 清水冲干净。
2. 再把这些所有的材料，中午放在能晒到太阳的地方，晒21分钟，11点到12点之间，再到晚上出星星☆的时候，放在窗边，7分钟。晚上8点到9点之间。
3. 然后把所有的材料放在许愿蜡烛前，点上许愿蜡烛，88分钟。
4. 然后把所有的材料都装进荷包袋。

　　今后有什么愿望都可以对荷包许愿：许愿格式为：感恩魔法荷包，让我满足了某某某愿望。我太开心了！谢谢魔法荷包。（提示：以欢喜心）

第八章　许愿坛城

许愿坛城

如何布置许愿坛城

用一个灯座，里面放酥油灯，周围摆上鲜花或者水晶，就可以许愿了，合掌闭眼许愿，愿望不要说出来，然后在红纸上写下来：我的愿望实现了！真是太好了！谢谢！

第九章　灵物开眼

灵物开眼

貔貅开眼的方法

早上 12 点以前，最好是初一或十五，首先用天上的雨水和地下的井水叫无根之水，如果没有可以用矿泉水一半热水一半冷水按 1:1 的比例调和，放点食盐。叫阴阳水，放在纸杯里浸泡 3 秒钟，代表三生万物，给貔貅洗个澡是消磁作用，把貔貅取出，用植物油或精油擦貔貅的眼睛，擦眼睛叫开眼认主人，再点一下嘴巴叫开财口。并起个小名，晚上睡觉放至枕头下睡一觉起来后，就可以佩戴了。开眼后的貔貅，运气顺时顺摸，越摸越顺，运气背时，逆摸，逆转乾坤，转转运！

如何让这个人联系你小魔法

　　红纸撕边写这个人的名字，（比如甜宝贝）先写：甜宝贝，再覆盖写：我想你，再覆盖写我爱你！写完画，打响指！烧了

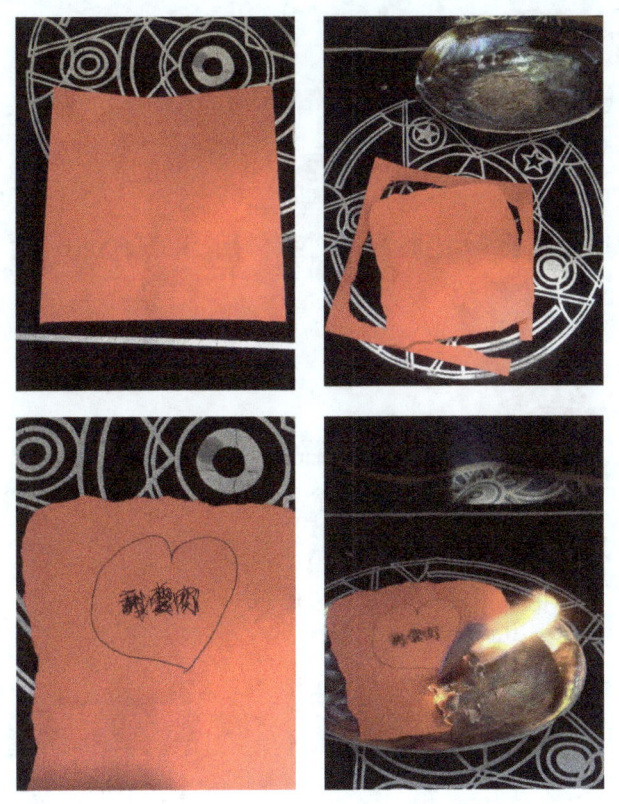

（如何让这个人联系你小魔法）

解除矛盾误会小魔法

如果你在生活中和某个人闹了误会让人心生怨气不愉快把你拉黑删除了，而不能再联系。你可以选用这两个小魔法中的一个来解除误会或矛盾。

（误会）格式

红纸撕边写：某某某，事情的经过是⋯⋯ 这样的，不是你想的那样，我不是故意的，当然就算是误会也是我处理不当，让你不开心，对不起，请你原谅我，我爱你。我感恩且珍惜我们的这段关系，也谢谢你对我付出的所有的好。写完了双面胶粘上三朵玫瑰花。

（矛盾）格式

红纸撕边写：某某某，我做的⋯⋯ 伤害了你，我不是故意的，都是我的错，让你不开心，对不起，请你原谅我，我爱你。我感恩且珍惜我们这段关系，也谢谢你对我付出的所有的好。写完了双面胶粘上三朵玫瑰花。

（写三张）写完第二天上午10点烧了（提示：你写的解释的这些误会内容必须符合实情，不能撒谎不能胡编乱造。解除误会小魔法适用于夫妻，恋人，朋友，同事，亲戚，婆媳，丈夫或妻子的七大姑八大姨，亲子等任何关系）

解除矛盾误会小魔法

实现愿望小魔法

红纸撕条，在纸条上写你的 3 个愿望，5 个愿望或者 7 个愿望。

以这样的格式写

谢谢，我的某某某愿望实现了！太棒了！写一个愿望打一个响指。全部写完了，把纸条叠成幸运星。上面写上：我超级幸运！带在身上。然后去庆祝 去吃一顿好吃的，喜欢喝的饮料奶茶，柠檬水，或者来瓶啤酒这样去庆祝表示：庆祝愿望都已实现了！庆功！你很开心欢喜！越欢喜越好！庆祝完了就打开折叠的幸运星打响指，后烧了，灰放在树下。

做小魔法的固定时间为中午饭前，和晚饭前。或者你吃宵夜之前。

庆祝完了就放下，不要再想，把这些都忘了，因为愿望已实现，完全地相信你已经拥有了你想要的（一秒都不可以怀疑，白天也不能怀疑，怀疑会不能实现或者延迟实现愿望的时间）坚信已实现！照做！快则 2 分钟，慢则三天。可以实现你的任何愿望！

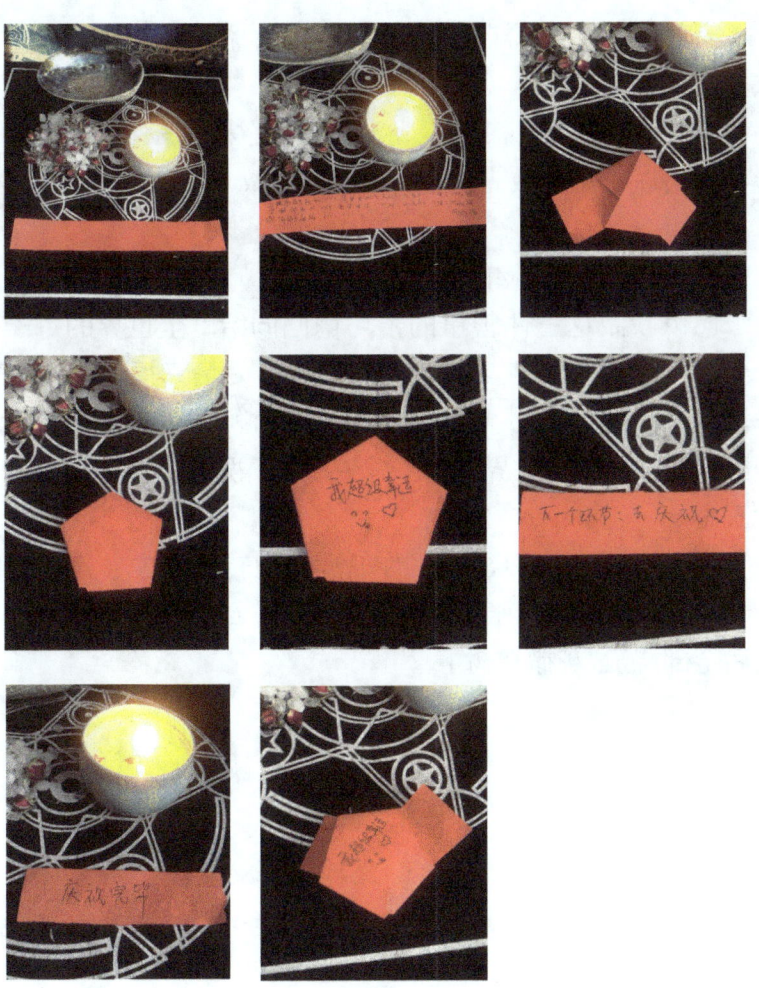

实现愿望小魔法

化解负能量霉运提升运气小魔法

有的小伙伴觉得自己倒霉运势不好，你们可以用这个小魔法。

分三天，每天以慈悲心，心中充满爱去做三件善事（大小善事都可以）每天做完这三件善事后，做一个动作：手空心合掌。

再以真诚欢喜心红纸撕边写下来：

愿以我做这三件善事的善功德回向给：全世界的每一个人全部无限丰盛富足，有情人终成眷属，爱情幸福，家庭美满，身体健康，财源广进，事事顺利！圆满喜悦，所有的超级好运！美好！都降临到全世界的每一个人身上！祝福每一个人写完了，念三遍。

你越真诚心，越欢喜心，你的运势扭转的越快。

三天，每天写一张，每一张念三遍。到第三天念完，打响指后全部烧了，灰撒在树下。

提升能量运势

让你拥有人生全方位的丰盛富足与繁荣圆满与喜悦, 加强版, 小魔法红纸撕边写：我是神, 我以人的模样降生到这个星球上, 我是高贵无价的! 我无限丰盛! 我有能力也有财力, 我有智慧也有力量, 我所到之处能带给一切的人们安乐丰盛富足, 光明和力量! 我会尽力去帮助每一个需要我帮助的人, 我有超级的爱的能量可以拉高整个地球的能量! 我很强大! 我就是爱! 不论别人伤害我或对不起我, 我都不起一念嗔恨心, 我也不希望她遭报应, 而是去祝福她, 希望她过的好! 我不评判! 不指责! 没有对错, 没有好坏, 不抱怨! 不嗔恨, 不批评! 不挑剔! 我包容! 我接纳! 我理解! 我宽恕! 我善良! 我充满爱! 我无条件的爱一切的人, 别人以善心对我, 我以善心回向! 别人以恶心对我, 我亦以善心回向! ! 我是神, 我是爱的化身, 我的每一个念头都包裹着爱。这个世界上每一个人拥有的一切功成名就金钱财富和一切美好我都由衷的为他她们开心欢喜! 就像我自己得到那样的欢喜! 并祝愿她他们鸿运当头步步高升! 越来越好! 我爱每一个人! 我每天以真诚心祝福每一个人。我的心里只有爱。

写完放在包包里, 每天早, 晚, 念9遍。念21或49天。一切的丰盛富足都会在你眼前展现! 你的能量运势会越来好! (当你能做到无论你遇到什么, 都把自己的每一个念头都包裹上爱的能量, 你就合天道, 当你与宇宙的轨道一致, 你就会拥有一切的丰盛富足与美好)

提升格局化解执念匮乏小魔法

如果你爱的某个人，他她不爱你了，不能在一起，或者人家已有男女朋友，而不能与你在一起，对你造成伤害，你很不甘心，陷入了痛苦执念，可以做这个小魔法。

红纸撕边写：某某某，我爱你，我决定对你开启我的神性，启动我潜意识里："无条件的爱"模式。所有对你的怨恨不甘心负能量将由，无条件的爱，包裹而消逝。无条件的爱不是占有，所以我不想占有你。无条件的爱不是索取，所以我不索取你的爱和物质。我不需要你的任何！讲真的，我对你一无所求，无条件的爱代表自由！你拥有全然的自由，你有权利选择和谁在一起，如果你和他她在一起让你觉得很幸福很快乐，那就在一起！我真心的祝福你们！我爱你，我只希望你快乐！无条件的爱，让我圆满，让我看清我自己就是爱本身，我是圆满的。谢谢你！

写完念 7 天，每天临睡前念 7 遍。

化解失恋抑郁自卑开启新恋情小魔法

有的小伙伴失恋了，自己被分手，觉得自己被抛弃，觉得自己失败，觉得自己不好比不上别人，觉得自己什么都不是，觉得自己不值得被爱，瞬间自卑到底，失去了生活的勇气你可以做这个小魔法。

红纸撕边写：你离开我，不爱我，并不代表我是不好的，我是完美的！我很完美！我足够好！我不必和别人做对比来评判我自己！我不会挑剔我自己，我爱我自己，我无条件的爱我自己！我是自信的！我的自信不来自你的肯定和认可，我的自信不来自外界的任何人肯定和认可，我肯定我自己！我认可我自己！！我是值得被爱的！我值得拥有最好的一切！

感恩：我开启了新的人生我迎来了双向奔赴更爱我的人！我很幸福！

写完，每天临睡前念 7 遍，21 天。

解析如何得到更多的爱

有很多小伙伴们励志于让你的男女朋友更爱你，为什么你会有这样得到想法，是因为你内心缺爱，你内心匮乏，想要索取别人爱你，你知道这是什么吗？简单说就是你在索取别人的能量。你想索取就是没有，没有就是匮乏，匮乏就是什么都得不到。记宇宙规则：爱会流向不缺爱的人，钱会流向不缺钱的人。

所以，只有一个方法就是建设自我的圆满，你本来就是圆满的，你内心有无限的爱，你根本不需要抓个人来爱你，你可以去付出你无限的爱给他人。这就是本来的充满神性那个你！付出爱得到爱，宇宙法则：付出什么得到什么！当你心中充满无限的爱，自己成为爱，无条件的爱自己，付出无条件的爱，去爱所有人的时候，全世界的人都会来爱你，更不用说你的 SP 了，你的 SP 会爱你爱的不能自拔，没你不行。

所以先去学会无条件的爱自己，再去学会无条件的爱一切人。提升爱的高频能量场，去与宇宙轨迹保持一致，不只是爱情会美满，一切的丰盛富足与繁荣都会在你眼前展现。

www.ingramcontent.com/pod-product-compliance
Lightning Source LLC
Chambersburg PA
CBHW071159120626
46546CB00006B/2332